JN330019

佐藤隆夫著

現代の子ども

―波乱の法的諸問題―

不磨書房

はしがき

戦後六〇年といわれるこの頃である、人間でいえばまさに成熟した還暦の年である。六〇年前、日本は敗戦にともない占領国の主導のもとに、まさに革命的に民主化社会を実現した。人権尊重が憲法上の他の諸法の基本理念として高らかに謳われた。しかし、それから六〇年後の現実はどうか。連日のようにメディアに報道される悲惨な家族崩壊事件（たとえば、親の子殺し、その逆のケースなど）、親の子の虐待、少年事件の激増など、あたかも「子どもの受難時代」といってよいほど、子どもの人権尊重から遠い世相である。この社会現象をどう解明したらよいか。まさに現代社会の重要テーマといえる。これを社会的にみると、私はその最も基本的視点は、日本では戦前市民社会が育っていなかった。むしろ空白といってよい市民社会に一挙に革命的に人権尊重の市民法が立法・適用された。したがって、形だけの市民社会、そして根は市民法の理念から遠い社会だからこそ事件が多発する。市民生活のモラルが社会に根づいていなければ、とくに人間の赤裸々な家族生活が営まれる家庭では、家族の中の弱者、子ども、高齢者、それに妻に暴力的事件が集中して発生しかねない。戦後改正された家族法では、両性平等、「子のための親子法」の旗印のもとに規定が設けられたが、改正審議期間の短期間、占領国のＧＨＱ当局が、東洋の国に西洋の家族関係の思想を押しつけることは賢明ではない。家族法の近代化・民主化は日本人自身の問題と考えていた、すなわち、日本の改正委員の論議で進められた。[1] それに日本社会の家制度の残映の意識も根強いことなどもあって、当時の改正委員の改正論も、いまにして思えば、形式的民主化という見方さえ否定しえないものではなかったか。たとえば、夫による妻の追い出し離婚が社会的に懸念されたが、先進国には例のない協議離婚が認められたこと、親子法では、親権規定はまさに旧法の家父長的親権の残映規定でしかない。子に対する親の扶養義務さえ具体的に明示した規定もない。そして、父死亡後の法定相続分は、嫡出子と非嫡出子の差別を当然とし規定していた、[2] などがその典型的規定として注目される。しかも、その後の改正では、昭和五五年の相続法の改正（妻の法定相続分を夫の遺産の二分の一とした、寄与分を新設した）が注目されるにすぎない。嫡出・非嫡出子の平等は世論の反対もあり、時期尚早として見送られたという社会意識であった。親族法については特別養子制度の新設以外に改正論議はない（親族法では、親子法が重要である）。その後平成七年になり、法務省は、「嫡出子・非嫡出子の相続差別の撤廃」、「選択的夫婦別姓の導入」、「五年間の別居による離婚成立」、「離婚による弱者保護の離婚制度の苛酷条項の設置」、「協議離婚後の親子の面接権の設定」などを改正案として公表した。その内容は、まさに昭和二二年現行親族法成立以来の婚姻・離婚の本質にかかわる大改正案である。(3) この改正案の中では、「婚姻後の夫婦別氏制」の導入が社会的にも大きな関心が持たれ、その賛否いかんが今回の改正の動向を決めかねない状況にある(法務省がこの民法改正案を公表してからもう一〇年になるが、この間、自民党の保守層の反対が根強くいまだに国会に上程されていない。ただ最近の新聞報道によると、民主、共産、社民の野党三党が平成一七年三月三〇日、選択的夫婦別制の導入のための民法改正案を共同で参院に提出したとある)野党共同による同趣旨の法案提出は、九九年一二月以降で衆参両院合わせて一一回目。自民党内に慎重論が根強く審議入りの見通しは難しいが、与党側に呼びかける方針だ、ということである(朝日新聞平成一七年三月三一日)。

この平成七年度の改正案は、内容的にはかねて学説が問題提起してきた両性平等からの離婚法の問題点の解決をめざした改正案が多く、子どもの問題については、従来からの係属案であった嫡出子・非嫡出子の相続分の平等を実現すべく改正案として上程されているにすぎない。しかしこの改正案は、他の先進国ではすでに二〇世紀の間に法改正が実現されており、この意味では、この改正がいまだに実現しない日本の家族法の特有の伝統的保守性を根強く思わずにはいられない。いいかえれば、日本の市民社会は、それだけ社会的に根づいていない、ともいえるのではなかろうか。

一九九〇年以降、日本の家族と社会では、周知のように親の子の虐待・少年非行事件などがいまだかつてない特有の社会問題化している。現代的には親権・後見の改正こそ民法改正の急務とされるべきである（親の虐待については本章において詳説したい）。日本には親権・後見の改正の具体的論議は全く聞かれない。これが人権尊重の先進国ということなのか。しかも、日本は国連が八九年一一月二〇日に採択した「子どもの権利条約」では、日本政府も権利条約草案を総会に送付・提案して人権委員会の正規メンバーであったというから(4)、なんとも政府の政策的対応が理解されがたい。日本政府は当然のことながらこの条約を批准した。法理的には批准された条約は、国内法との関係では上位規範となる。すなわち、関係国内法規などがこの条約に違反抵触したり、矛盾することは許されず、当然早急に関係国内法規の見直し、さらには法改正もされなければならない。現状のままでは、国際的にも不信を招くことも明らかである。ちなみに、この条約の主な規定は、差別の禁止（二条）、子どもの最善の利益の確立（三条）、親の指導の尊重（五条）、生命への権利、生存・発達の確保（六条）、名前・国籍を得る権利、親を知り養育される権利（七条）、アイデンティティの保全（八条）、親からの分離禁止と分離のための手続（九条）、意見表明権（一二条）、表現・情報の自由（一三条）、思想・集い・宗教の自由（一四条）、親の第一次的養育責任と国の援助（一八条）、親による虐待・放任・搾取からの保護（一九条）、家庭環境を奪われた子どもの保護（二〇条）、養子縁組（二一条）、障害児の権利（二三条）、健康・医療への権利（二四条）、教育への権利（二八条）など。子どもにとり親・家族がいかに基本的に大切であるか、また社会環境・福祉の重要性などがこと細かに規定される。前にも述べたが、この「子どもの権利条約」は、国内法の上位規範である。すなわち、この条約の規定に触れる国内法（親子法）の規定は無効と解しても法理的に誤りではないとさえ考えられる。この条約に批准しながら六〇年前の戦後の改正のままの放任状況は法理的に決して許されるものではない。

それに、子どもの問題としては、生殖革命という、従来人の考えだにおよばなかったいわば科学的懐胎・出産（人工授精・体外受精）方式が医学的に可能となり、人間の存在にかかわる重大問題が新たに提起されている。「子ども」論としても由々しき大問題である。不妊夫婦にとっては、神の救いにもひとしい朗報かもしれない。しかし、人間のモラルとして、また人権論としてどこまで認められてよいのか、まさに現代の新たな法倫理の問題である。しかも、日本には、いぜんこの生殖革命に対応した法は立法されていない。産婦人科倫理委員会の判断が、いまのところ法的機能を営んでいるにすぎない。とくに、人間として不自然な生殖である。こうして生まれた子の人権を法的にどう解すべきか。過去にない革命的テーマの出現である。①一つは人工授精（問題は夫以外の精子と妻の卵子の結合による懐胎・出産である）

で、人間の不妊患者には、精子数が少ないとか、異常精子が多いなど、夫の精子に欠陥があるケースが少なくない。その医学的対策として、夫の精子の代わりに健康な青年の精子を使うことが考えられた。いわゆる「非配偶者間人工授精」（ＡＩＤと略称）である。このＡＩＤに対しては、妻の姦通行為とも、公文書偽造などの激しい非難もあったが、現代的には社会的には認知され、いまや一万人を超えるＡＩＤ子が日本でも誕生しているという。②もう一つは、周知のように、体外受精による出産である。「試験管ベビー」ともいわれ、女体ではなく、試験管の中で精子と卵子が結合し、その「結合体」を女性（妻以外でも行われる）の子宮に注入し出産する。とくに法理的には妻以外の女性が出産するケースである（代理母という）。出産する女性と夫婦との間で出産契約が結ばれ、契約した女性が出産する。出産した女性が子の引渡しを拒否し訴訟になったケースがすでにアメリカにみられた。このケースでは、卵の提供者が母か、出産者が母かという、法理的に難問が提起される。

さて、右の人工授精・体外受精を選択してまでも子を生む、「どうしても子が欲しい」という夫婦の悲願がうかがわれ、そして、右の生殖革命がこの問題に挑戦し成果をあげた。しかし、ことはいわば人間が医術によって人間を生むという重大事である。この医術の本質、そしてこの医術を認めるにしても、生まれる「子の最善の幸福」の確保こそ法理的に欠かせないと考えられる。こうして、科学の驚異的発展は、新たな「子ども」の問題を社会に提起している。しかも、医術の発達はとどまるところを知らない日進月歩の勢いである。
さらに子ども論として、社会問題であるが、深刻な少子化現象という問題の解決も欠かせない。戦後一時（昭和二二・二三年出生の団塊の世代といわれる）多産の時代があったが、その後少子化が急速に拡大・進展している状況にある。これは、常識的には「子どもを少なく産んで幸福に育てよう」という「子ども本位の親の計画出産」による。しかし、人間の出産・成長プロセスは机上の計画のように単純なものではない。計画出産は夫婦＝父母主体で決められるが、そこには、一歩外すと虐待、家族犯罪になりかねない親の「エゴ」が見え隠れする。この少子問題も、現代の「子どもの人権論」の重要テーマであることはいうまでもない。

また当然、社会的弱者（子ども、高齢者など）の人権が確立されていってこそ、本来の人権確立といえる。しかし、各章のテーマが示すように、日本では、いまだ子どもの人権確立の不備が顕著なままである。しかも、立法ないし法改正論も決して活発とはいえない。子どもの権利条約を批准しながら、その条約の規定に反する国内法が不備のままの放任状態である。本書を通して、読者に問題提起するゆえんである。

ただ、各章のテーマの選定・解説は「戸籍」専門誌の『戸籍時報』（日本加除出版社）に連載した論稿に改めてメスを入れ、とくに現代的に注目されるべき話題を選択し体系化したものである。出版には、戸籍時報担当者の諒承が欠かせないが快諾いただいた関係者に心から謝意を表したい。また、本書を専門的読者から社会一般の読者へと門戸を開き出版の労をとられた、不磨書房および信山社の関係者にも、心から御礼の言葉を述べるものである。

二〇〇七年四月

佐藤隆夫

(1) 我妻栄論『戦後における民法改正の経過』(奥野健一談話)一四頁。
(2) 我妻栄編・前掲四八—四九頁。中川善之助先生は「配偶者の相続分を引き上げるのには婦人委員の諸君が賛成してくれたのは有難いが、私生子の相続分を引き上げるのにこぞって反対されたのは遺憾である」と述べられ、我妻栄先生も「女として考えないで、本妻として考えているのだろう」と述べられた。この嫡出・非嫡出子の平等はいまだに実現していない。
(3) 拙稿「民法改正の現代的課題——平成七年法務省公示の民法改正案について——」小野幸二教授還暦記念論集『二一世紀の民法』八一二頁以下所収。
(4) 子どもの人権連・学習研究委員会、現行法制検討小委員会『子どもの権利条約と国内法の問題点』四頁。

■現代の子ども

目次

はしがき

第一章　人の出生――生殖革命と子どもの人権――

第二章 胎児の法的地位

第八章 親の子ども虐待

第九章　少子化問題

第一章

人の出生

——生殖革命と子どもの人権——

はじめに

人の出生論も生殖革命の時代を迎え、法的問題も複雑かつ多様化している。人の懐胎・出生は、これまで神の領域と人びとは信じてきた。しかし、科学は人の出生の神秘性を超えて、いまや生殖革命を実現した。だが日本では、いまだにこの生殖革命に対応する法律は制定されていない。それでも、総合開発研究機構（ＮＨＲＡ）が発表した「生命倫理法試案」は、将来の立法に備えた学者の研究見解として大きく注目される。

法はないものの産婦人科学会議の倫理的判断のもとに、人工授精・体外受精は現実に行われ、その成果をあげている。それにしても人間の出生には科学のみでは解けない特有の問題がある。人間は「もの」ではない。法的には権利主体としての地位、それに人間特有の親子関係が形成される。子どもの権利、「親」とはなにかなど、法的・人倫的に人としての特有の問題がある。ことは決して科学万能ではない。この視点からこそ生殖革命の法的対応が検討されなければならない。

1　民法の出生論

民法三条は「私権の享有は、出生に始まる」と規定する。ここでは、人という用語はない。すなわち、私法上の権利主体＝人は出生によって始まるとされている。ここで重要なことは、出生しさえすれば、「法の前では万人平等な権利主体」となるということである。「人の出生」とは、胎児が母体から全部露出した時と解するのが通説である（全部露出説）。ただ、刑法上は安全な胎児の出生を守る目的で、一部露出をもって出生と解する（一部露出説）。

出生以前の胎児とはなにか。法的にその定義づけはない。ただ胎児の利益についてこれを保護する規定を設けているにすぎない（民法七二一条、八八六条、九六五条など）。胎児の不利益については全く問題としていない。胎児の段階で傷害を受けても、胎児は人ではないということで刑法上の傷害罪が成立しない（その典型的問題はサリドマイド事件）。

また、体外受精において、妻が自分の卵を使って出産を他の女性に委託して子が生まれたとき、「卵子の提供者」が母か、「出産者」が母か、という法理上の難問が提起される。この問題について出産者が母という見解の法的根拠もこの民法三条の規定に求められる。

2　生殖革命

生殖革命とは、後述の人工授精・体外受精などによる出産をいう。自然の夫婦の性交では子を持てないカップルが、子を持つことができる医学的生殖技術が開発された。とくに、体外受精は、卵子を女性の身体から取り出して試験管の中で人為的に行う生殖医術である。すなわち、金城清子教授も指摘されるが、「自然や神の摂理とされてきた人間の出生を超える次元の生命の創造を人間が支配できる領域へと移行させた(1)」。まさに革命以外のなにものでもない。人間は、生命の創造を神の手から奪い取り、自らの手中に収めようとしている。とくに、妻以外の女性による代理出産も可能となり、ここまでくると、人間の出産は一つのビジネスとなんら変わらなくなる。人間の尊厳とはなにか、この問題が法理的・社会的にも大きく問いかけられる、という大変な革命的出来事である。

以下、人工授精と体外受精とについて、それぞれの特性と問題点を分説しよう。

(1) 人工授精

(a) ＡＩＨとＡＩＤ

ＡＩＨ（配偶者間人工授精）とＡＩＤ（非配偶者間人工授精）の二つの方式がある。前者は夫の精子が医術によって妻の子宮に注入され、妻が懐胎・出産する。このケースは夫婦間の自然的性関係による受精が人工的になされるにすぎない。法的には「推定の及ぶ嫡出子」（七七二条）とみられ、この人工授精についてはとくに法的問題はない。

(b) ＡＩＤ（非配偶者間人工授精）

(i) 「夫の同意」　これは、夫以外の精子を妻が人工授精によって懐胎・出産するので、父は遺伝上の父か、それともＡＩＤに同意している夫かが問題となる。そして、法的には、夫のＡＩＤの同意の有無、それに、同意の性格をどう解すべきか、という重要なテーマが提起される。学説では、夫のＡＩＤ子の出生の同意があれば、民法七七二条の「推定の及ぶ嫡出子」とみる。そして、そのうえで、夫の嫡出否認権を否定する。この説が、子の保護においても最も妥当であろうし、ＡＩＤによる子を望んだ夫婦の意思にも適うと考えられる（学説ではほかに、夫が血縁上ＡＩＤ子の父でないことが明らかであることから、民法七七二条の嫡出推定は及ばないとするものがある。この見解は、真実の親を知る子の権利を確保するためにも、推定が及ばないとした方がよいという意見である。さらにもう一つ、養子とみる見解がある。ＡＩＤ

子は血縁関係がないにもかかわらず、夫の同意という意思によって親子関係をつくる。養子とみることが妥当である。この養子関係について、実親である精子提供者との関係を特別養子とみる見解もある。私はこの見解を最も妥当と考える。現在では、この見解は少数説のようであるが、今後この見解が定説的・社会的にも支持されるよう、この見解を一層高めていきたい。それは、つぎの理由による。まず、この見解が少数説とされるにとどまる理由は、特別養子は、家裁の審判によらなければならないので、無理がある(AID方式が審判事項として無理があるとは私は思わない)。むしろ審判事項とする立法論の活発化が望ましい(後述)。しかし、特別養子とすることは実子を望んでいる当事者の希望にも反する。立法論としては、養子縁組のような手続を導入することは現実的ではないだろう、というのが、この養子説に対する批判である(2)。

さて、私見である、以下その論点を分説しよう。

①第一に、夫の「同意」の性格・方式についてである。現在の「夫の同意」とは、妻のAID子出生の医療行為の同意としか考えられない。父子関係の父の承認とみるには明らかに視点の飛躍を否定できまい。②父子関係とは、もちろん法律上の父子関係をいう。すなわち、夫の「同意」にしても、そこに法的意味・形式が求められよう。まず第一に、AIDは、親の立場からではなく、生まれる子の幸福の法的視点こそ欠かせない(AIDに限らず、体外授精、代理母出産など後述の人工的医療による子の出生も、すべて子の幸福の理念こそ基本であって、

親の希望、親サイドだけの法的視線は的外れといえる。しかし、この人工的医療論では、子の幸福の論議はどのような理由からなのか、あまり活発ではない）。子の幸福をいかに法的にとらえるか、私は、夫の「同意」は法律上の父子関係形成という意味で、少なくとも家裁の確認ないし審判が必要と考える。さらに夫の「同意」は、子の「幸福」の視点から子の幸福のための後見機関の家裁の関与を欠かせないと考える。③つぎに、精子提供者の同意の意識である。精子提供者は、誰であれまずＡＩＤ子の実父になるという意識は認められないであろう。ＡＩＤ子の出生に精子提供して協力してやる、という意識が限度といえるのではなかろうか。すなわち、この精子提供者の存在を考えると、法的に実父子関係切断の特別養子制度が、ＡＩＤ子の父子関係の基本視線であろうと考えられる。そして、この特別養子のデータは、当然家裁に保全される（ＡＩＤ子が、血縁上の父を捜索する権利、いわゆる「**出自を知る権利**」については、これを法律的に否定する権利はない）。

(ii)　**出自を知る権利**　「出自を知る権利」とは、つぎの体外受精でも問題となるが、要するに、生殖革命で生まれた子が、自分のルーツを知る権利をいう。この権利を法的に認めるべきか、いずれ立法の段階で問題とされよう。

これまで、その逆の「匿名性の原則」、すなわち精子・卵子・受精卵の提供者は匿名でなければならない、という広い合意が成立してきた。その理由は、①生まれた子から養育の責任を問われないように提供者を保護する、②家族関係への第三者の介入をできるだけ抑える、③提供者の確保のために匿名性を保障することが必要である、などである。(3) しかし、この原則を変えたのは、一九八四年にスウェーデンで判定された「人工授精法」である。この法律が世界ではじめてＡＩＤ児に対して、遺伝上で父＝精子提供者が誰であるかを知る権利を認めた。(4)

周知のように、子どもの権利条約七条は、「子どもはできる限りその父母を知る権利がある」と規定する。「子の出自を知る権利の保障」の拡大が世界的に予想される。しかし、これを認めたスウェーデンでは、精子の提供による妊娠を国外で行う数が増えている、という問題も出現している。(5) 事態の複雑さを物語っていよう。

前述のように、一般に精子提供者には、ＡＩＤ子の父という意識は考えにくい。たとえば、ＡＩＤ子が血縁上の実父を知って親権・養育を求めたり、また、遺産相続を主張することなどは、血縁上の父子関係によれば確かに法的に否定できない。しかし、そこまで法的に視点をおくことは、社会的に妥当とは考えにくい。ＡＩＤ子を「特別養子」と解する現実的根拠も、この具体的問題をも踏まえてのことである。かりに認める場合もＡＩＤ子の「出自を知る権利」を行使すべきであるとはいえ、家裁の審判事項とされることが望ましい。たとえば、ＡＩＤ子が「自分」の存在を知る場合は、特別養子であれば、戸籍をたどれば追求されえよう。「出自を知る権利」の行使で重要と考えられることは、いわゆる遺伝子操作の病気治療の必要性が、その最も典型的テーマになると考えられる)。

(注)「AID」の人工授精子が、オランダで現に精子の提供者に会った、というショッキングなニュースが新聞紙上で報道された(朝日新聞平成一七年一月一一日)。このニュースは、人工授精子が「出自を知る権利」(遺伝上の親を知る権利)を行使し、現に父子対面した、というものである。オランダでは、平成一六年「ドナー情報保護法」が施行され、子どもの「出自を知る権利」が認められた。子どもの人権保護に前進があった半面、医療関係者を悩ませているのが、ドナーの激減である。ドナー情報の全面的な告知に反対するオムブレット教授は、「AIDの子どもが成長する中で深刻な問題は起きていない。匿名の提供を望むオランダ人夫婦も少なくない。ドナーの減少を食い止めるために匿名の提供を認めるべきである」と。確かに理論的には単に医術であって、ドナーと生まれた子との間に親子関係をつくるものではない。

このように考えると、「出自を知る権利」も慎重な検討が必要といえる。同紙によるとオランダではドナーの減少により、人工授精は他国で受診するという大問題が発生している。ドナーは一九九〇年により一、一〇〇人いたが、二〇〇二年には(この年に国会はドナー情報保護法を可決した)二八〇人に激減。AIDによる妊娠数も一九九〇年に一、三九〇件だったのが、二〇〇二年には七五〇件と減り、その後も減少傾向にあるという。

さて父子対面できたダニエル君は「人生最高の日だった」と語る。幼い時からよく「あなたにはお父さんはいない」と聞かされていた。「父親に会いたい」と思いはじめたのは一二歳頃で、父親がどんな人か好奇心がわいてきた（この頃、彼はドナーの子だということを知っていたのか）。病院からは情報提供を断られた。視聴者に代わって人を探してくれるテレビの人気番組「スプロース」のことを知り応募した。二〇〇三年二月、番組の呼びかけに応じたのが、フランク・ウイレム・オーエスティンさん（四六歳）だった。学生時代に病院に精子を提供していた。精密検査で「父子」であることが確認された。「全く違う人生を歩む青年の出生に自分が関係している。変な気分だった」とダニエル君と対面し語っている。彼には妻と三人の子がいるが、その後も連絡がある時は会う機会をつくるようにしているということである。

そして、日本では二〇〇三年四月、厚生労働省の部会が情報の全面開示を適当とする報告書をまとめている。

(c) 人工授精の実用化

さて、人工授精は、一七八〇年にイタリアのスバランツァニ教授がイヌで最初に行い、人間では一七九七年、イギリスのジョン・ハンター医師が行ったのが最初といわれる(6)。そして、人工授精が飛躍的に実用化されたのは、周知のように二〇世紀である。人間の不妊患者には、精子数が少ないとか、異常精子が多いなど、夫の精子に欠陥があるケースも少なくない。そこで、夫の精子の代わりに健康な青年の精子を人工授精に使うことが考えられた。非配偶者間人工授精（ＡＩＤ）である（世界最初の実例は一八八九年、バンオースという医者が、淋病のため無精子となった男の妻に、他の男から授精し妊娠させた。日本では、昭和二四年に慶應大学の安藤医一教授がＡＩＤによる女児出産に成功したのが最初のケースといわれる、当時世論は、このＡＩＤを妻の姦通行為とか、夫の子だねでないものを夫婦の嫡出子として届け出ることは公文書偽造である、などの激しい非難が渦を巻いた）(7)。現在はすでに一万人を超えるＡＩＤ子が日本でも出生しているといわれる(8)。また、最近では、年間二、〇〇〇人程度にＡＩＤが実施され（一人につき年二回程度）、うち年間二五〇―五〇〇人程度が妊娠（妊娠率約六〇％）というデータも報告されている(9)。

アメリカでは、精子提供が営業化され、知能の高い男性の精子を集めた「精子バンク」が設立され、女性は「精子バンク」のカタログによって、好みの精子を選んで注文し、人工授精によって子を産む。アメリカでは、年間約六万人の子どもが、精子バンクから精子を購入して生まれる。そして、そのうち少なくとも三、〇〇〇人の子どもが、独身の女性から生まれるという(10)。そして、この営業化された人工授精には、人工妊娠中絶と違って、宗教界からもとくに激しい反対論もないという(11)。それでも、社会的には「家族の崩壊の極み」とか、「男はいまや女性にとって便利な産み道具の一つでしかない」、などの批判的声が出ていることが注目される。[12]

さて、改めて前掲の生命倫理法試案では、ＡＩＤ子の出生については、「生殖補助医療の治療に同意する旨の夫婦双方の署名捺印した書面を登録生殖補助医療機関に提出する（六条三号）。この規定に違反して妻が懐胎した子は、非嫡出子とされる（一一条）。ここでは、夫婦双方の同意の書面を人工授精する病院に届出するだけでよい、という極めて単純な方式でしかない。これに対して、日本弁護士連合会案（二〇〇三年提言）によると、「公正証書による同意書の作成と撤回」を認める（提言六）。撤回は施術を受けるまでできる、そして撤回書を医療機関に提出する、というのである。[13] この提言も、ＡＩＤを希望する夫婦と生殖医療機関との契約だけでＡＩＤ子の出生をとらえているにすぎず、そこには戸籍への届出、法律上の親子関係の発生という法的重大事は全くその視野にないことが注目される。

(d)　**判例の動向**

つぎに、判例の動向に注目しよう。日本では、生殖補助医療に関する訴訟事件は少ない。一九九八年にＡＩＤ子の父が誰かをめぐる二つの裁判が注目された。その一つは、一九九八年一二月一八日の大阪地裁判決で、夫がＡＩＤ子に対して起こした嫡出否認の訴えを認めたものである（大阪地判平成一〇・一二・一八家月五一・九・七一）。第一の争点は、夫がＡＩＤ

に同意していたか否かであった（日本では一九九七年の日本産科婦人科学会のＡＩＤに関する会告は、夫婦の書面による同意が必要だとしている。これが日本の唯一の規範といわれるものである）。このケースでは、ＡＩＤは一九九六年に行われており、誓約書が作成されておらず、裁判所はこの点を考慮して、夫の同意はなかったと判断した。そして、第二の争点は、子の出生後に、夫がその嫡出性を承認したか否かである。当初、夫は生まれた子は自分の精子による子どもと信じて、自ら命名し出生届も出した。しかし、それだけでは嫡出承認の意思表示とみることはできないとした。

第二のケースは、一九九八年九月一六日の東京高裁決定（東京高裁平成一〇・九・一六家月五一・三・一六五）である。これは、夫婦が離婚に際し、ＡＩＤ子の親権をめぐって争ったケースである。子どもは平日は父親の家で、週末は母親の家で養育されていた。親権者について調停では合意できず、審判に委ねられた。第一審の新潟家裁長岡支部は、一九九八年三月三〇日、親権者としての適格性については、父母ともに優劣つけ難いとしたうえで、父を親権者に指定した。その理由は、父の家での生活の継続が、子の自身の安定に寄与するという判断にある。同審判は、ＡＩＤについて「当事者双方の同意のもとに人工授精が実施されたと認められるから、後に、子の嫡出性を否定することは、その行為の背信性、結果の重大性などに鑑みれば、夫からはもちろん妻からも許されない」とした。この審判に対して妻が抗告した。その理由は「夫とＡＩＤ子との間には真実の親子関係は存在せず、嫡出推定が働かないから、夫が親権者と指定される理由はない」と主張した。これに対し高等裁判所は、「夫の同意を得て人工授精が行われた場合は、人工授精子は嫡出推定の及ぶ嫡出子である」と判示し、「夫と子との間に係る関係がない旨の母の主張は許されない」と、母の主張を退けた。そして、同時に、人工授精子の親権者を定めるについては、「夫と未成年の子との間に血縁関係がないことが、場合によって子の福祉になんらかの影響を与えることもありうると考えられる。ただし、母親が当然に親権者に指定されるべきであるとまではいえず、未成年者が人工授精子であることは、考慮すべき事情の一つである」として、高裁は母を親権者とした。本決定は、傍論ではあるが、ＡＩＤ子は、ＡＩＤに同意した夫の推定される嫡出子と判示した日本最初の裁判例として重要な意味を持つことはいうまでもない。(14)

さて、右の一・二審をみると、二審は一審の父を親権者とした判決を覆がえした。一審では、父母双方の環境など優劣つけ難いと判断して父を親権者とした。二審の判決では、ＡＩＤ子の「父」を、やはり現に出産した母を親権者とすることにおよばない、とみることが一般的ではないか、と考えさせられる。この「ケース」をみても、夫の「同意」について、やはり法的にその性格を明確にすべきだ、という本稿の問題提起の必要性がリアルに思われてならない。

(2) 体外受精

(a) 体外受精児の誕生

体外受精とは、神の領域とまでいわれ、人間が直接手をつけえなかった卵子と精子との出会いの受精を、女性の身体の外で行い成功した。二〇世紀に開発された。この体外受精は、イギリスの体外受精児ルイーズ・ブラウンの出生（一九七八年）に始まる。彼女は、別名試験管ベビーとも呼ばれ、試験管の中で生命が生まれ、試験管から人が生まれる、というショッキングなイメージを世界の人びとに与えた。人の出生の革命的ニュースとして各国で話題になった。ルイーズ・ブラウンの誕生は、ケンブリッジ大学のパート・エドワード医師と、オルダム病院のバドリック・ステプトン医師のコンビによる体外受精の成功によって実現した。

日本では、一九八三年東北大学で第一号の体外受精児が生まれ、一九九一年には一万二、〇〇〇人弱、一九九九年までに累計で五万九、五二〇人が生まれた（一九九九年の出生児では、ほぼ一〇〇人に、人が体外受精児とまでいわれる普及ぶりである）（日経新聞平成一三・九・七夕刊）。費用は四一万円といわれ（日経新聞平成一七・四・五）、保険は適用されない。妊娠の確率は平均二割、繰り返し治療を受ける夫婦が多く、その経済的負担も問題だという社会の声がある（朝日新聞平成一三・三・一六）。

(b)　最近の注目話題

最近の新聞報道で、次の二つのケースが注目された。

(i)　六〇歳の女性の妊娠

その一つは、日本の六〇歳の女性が、アメリカで「代理母情報センター」が選定した若い東洋人から採取した卵子と夫の精子を受精させた受精卵を本人の子宮に入れ、二回目の受精卵で妊娠し出産したというニュースである（日経新聞平成一三・八・七）。同センターの鷲見代表の談話によると、「日本人がアメリカへ行き卵子の提供を受けて妊娠・出産したケースはすでに二〇〇人以上、そのうちなんと四〇人以上が閉経した女性で高齢出産がめだつ」ということである。それにしても六〇歳の女性の出産は年齢的に普通考えられない驚異的ケースである。ちなみに、その費用は渡米費などを含めて約五〇〇万円ということである。さて産んではみたものの、年齢からいって、母として無事子どもを育てられるか。誰もが持つ素朴な疑問といえよう。現に新聞のニュース解説でも、「六〇歳で出産すれば、子が成人したとき母は八〇歳になる。この間、はたして経済的・体力的に子を育てる能力が十分か、また、遺伝上の母と出産する母が異なることが子の成長に影響しないか」、などの高齢者出産を疑問視する論評が一般的といってよい。この六〇歳の女性の出産は、人生の悲壮ともいえる決断であったと思われる。

出産は、その子にとってまさに運命的といってよい。自分で選べない「親」・「兄弟」の

「絆」がつくられる。自分で選択できない血縁の「絆」を思うにつけ、どんな形の出産であれ、子の幸福な人生を思っての出産が望ましい。まして、人工出産という革命的出産は、親の欲望だけで決められるべきではなく、子の幸福が熟慮され、しかも社会的にも納得されるものこそ望ましい。

(ii)　**遺伝子改変ベビー誕生**　つぎは、「両親と第三者」による「遺伝子改変ベビー誕生」である。高齢などで卵子の状態が悪く、妊娠しにくい母親の卵子に、受精能力を高めようと別の女性の卵子の細胞質を注入し、体外受精させた後、母の子宮に戻す。この医術を発表したのは、アメリカニュージャージー州の聖バーナバス医療センター生殖医学研究所で、治療を担当した研究者によると、この医術ですでに約三〇人のベビーが生まれているという。この医術は、生殖細胞のＤＮＡを直接操作したわけではない。しかし、影響は子孫にまで及ぶ可能性は否定できない。「危うい一線を越えてしまった」とみる専門家もいるということも当然であろう（朝日新聞平成一三・五・六）。

しかも、この「遺伝子改変の出産」は、医学関係の国際団体が、一九九〇年に愛知県犬山市で採択した「犬山宣言」――子孫に影響する生殖細胞の遺伝子の改変は認めない――にも違反する重大事である。今回のアメリカの遺伝子改変ベビーの誕生は、あえてこの宣言に挑戦したものといえよう。不妊治療とはなにか、そこに「人間」の尊厳から限界がないのか、

「人間」として、いまやこの限界が問われる時代にあることは間違いない。

(iii) 凍結卵の体外受精

これまで凍結した精子による体外受精の成功例は数多いといわれるが、しかし凍結卵の体外受精の成功例は少なく、一九八六年にオーストラリアで成功したのが初めてのケース、これまで世界でも三〇例が報告されているにすぎない(日経新聞平成一三・六・五)。同紙によると、日本で初めてこの凍結卵子による体外受精に成功したのは、宮城県古川市のレディースクリニック京野(京野廣一院長)で、四月に三、一〇〇グラムの健康な女児が誕生した。出産したのは三〇歳の女性。卵管が閉じているため体外受精の実施を決め、卵巣から卵子を採取したが、同時に夫の精子を採取できなかったため、夫婦の希望でいったん卵子を凍結保存し、数時間後に精子が準備できたため解凍した。採卵したうち受精に使える卵子は五個あった。同クリニックは凍結を解除した後も生きていた三個について顕微鏡下で細いガラス管を使い精子を注入する「顕微鏡受精」を実施し、受精が成功した二個を子宮に戻し、約一八時間後に一個の着床が確認されたという。

日本産婦人科学会は会告で、不妊治療が必要な夫婦に限り、卵子の凍結を認める。

さて、法律が配偶者以外から提供を受けた卵子や精子を使った体外受精実施を認めれば、「精子バンク」と同様「卵子バンク」設立の動きも考えられないことではない。今回成功した京野院長も「将来の卵子バンクの整備に必要となる技術」と位置付けているという。もっとも、卵子バンクは、病気でもない女性が出産時期を人為的にずらすことにも使えるなど、治療の「ワク」を超える技術化も考えられる。この医術にしても人倫的に疑問を否定できない。

(c)　非配偶者間の体外受精

(i)　根津医師の問題提起

日本には体外受精を規制する法律はない。そしてこれまで非配偶者間体外受精は行われていない。日本産婦人科学会が会告によって体外受精を夫婦間に限っていることによる。ところが、人工授精のＡＩＤ――夫以外の精子の提供――が認められ、卵子のない女性は卵子の提供を受けることがなぜ許されないのか、という問題を否定できない。

代理出産を積極的に実施する諏訪マタニティクリニック院長の根津八紘医師は「かねてより私は、ＡＩＤが公然と行われているにもかかわらず、非配偶者の卵子の提供による体外受精（採卵した卵子に採取した精液をかけて受精させ、受精卵を子宮内に入れ妊娠させる方法）が許されないのはおかしいと考えていた」と述べている[15]。

そして、ついに一九九八年六月六日、長野県で妻の妹の卵子と夫の精子によって体外受精を行った夫婦がすでに双子を出産していたことが、新聞で報道された。同医師によると、その目的と意義はつぎのとおりである。

「①第一に、日産婦のガイドラインが時を経ても見直されていない。めざましい生殖医療技術の進歩に、いつまでも背を向ける。しかし、ガイドラインの見直しを先送りしていられる時代ではない。②法的・倫理的・社会的問題にまたがる生殖医療のガイドラインの作成については、産婦人医学の専門集団の日産婦が、専門家として意見を出すことは好ましく、ある意味では義務であり、責任でもあるとしても、そのガイドラインを、あたかも国会を経て可決した法律であるかのように国民に押しつけるべきではない。いち任意団体のガイドラインを法律であるかのように振りかざすのは、明らかに越権行為であり、代議制民主主義と法治国家の原則に対する重大な侵害である。③第三に、医者は六法全書を片手に治療しているのではない。もし患者のためにと考えて行う治療法が現行法に触れる場合、現行法は時代遅れになっているのではないか、④減胎手術の時もそうだったが、私が正しいと考え、それを信じて行動したとしても、……公的には認めていない医療行為をしてもらったと患者さんが思いこみ、子育てをしていく状況を作り出してはならない。このような意味で非配偶者間体外受精は必要だと考えている私は、その事実を公表して公の場で論じ、国民的な論議の下に認めてもらう必要がある」、などと述べる(16)。

(ii)　**日本産婦人科学会の条件付き承認**　体外受精について、日本産科婦人科学会は夫婦間でしか認めていなかったが、学会は外部の専門家を交えて設けた倫理審議会（委員長＝武部啓・近畿大学教授）において、平成一二年二月一七日までに、夫以外の精子や妻以外の卵子を使った体外受精を「条件付きで実施を認める」との見解をまとめた（朝日新聞平成一二・二・一七夕）。その条件とは、①実施する医療施設に、学会内に設ける委員会への申請を求め、個別に審査することを当面の条件とする。②卵子や精子の提供者は「匿名の第三者」とし、兄弟や姉妹間での提供は認めない（長野の根津医師は姉妹間で卵子を提供したが、倫理審議会は提供者を「匿名の第三者」に限った。その理由は、兄弟姉妹だと「親心」が生まれ、親権をめぐる争いが起きかねないことが指摘される）。倫理審議会が今回の見解を打ち出した背景には、生殖機能に支障のある患者から強い要望が出されたという事情があった。

日本では、すでに述べた人工授精のＡＩＤにしろ、この非配偶者間の体外受精にしろ、単に不妊治療の生殖医療として、格別の法的規制のないまま医術的に実施されている。そして、ＡＩＤは、周知のようにすでに社会に定着している。しかし、その生殖医療は、こと法的には親子の身分関係にかかわる重大事である。端的にいって、ＡＩＤの場合「父」の身分・地位、そして非配偶者の卵子による体外受精の場合、提供者が「母」か、出産者が「母」かという重大問題をはらんでいる。そのほか、人工授精・体外受精には、夫婦間以外の場合、さらにさまざまなトラブルが起きかねない。という問題も考えられる。それに、ケースは少ないかも知れないが、同じ提供者から卵子や精子をもらった子ども同士が事情を知らず結婚してしまう、という可能性も全くないとはいえない。また「生みの親」と「遺伝上の親」が違うために将来遺産相続などでトラブルが起きかねないという問題もある。

このように法的に予想される問題点を考えると、生殖医療の実施にあたっては、当然のこととして一定のルールづくりを欠かせないことが明らかである。

(iii) 生命倫理法試案の作成

さて、問題はそのルールである。日本でもようやくいわゆる「生命倫理法」の立法論が活発になり、近くその実現もみられそうである。そこで、現段階で注目される立法例が、総合開発研究機構の「生命倫理法試案」である。この試案については、先のAID論でも紹介したが、そこでも、同じ視点からの疑問を提起せざるをえない。以下、基本的論点をコメントしよう。①一条において「この法律は、人間の尊厳、母体の保護及び生まれる子の利益の尊重を基調としつつ……」と規定される。いわば、この法律の立法目的を定めたもので、この規定の趣旨にはなんの異論もない。しかし、さらに具体的にいえば、生殖医療が不妊の治療という性格をもつ以上、その実態はどうしても親の欲求、親本位にならざるをえず、子の幸福は親の欲求の前に隠れかねない。②生殖医療は子の幸福のためになされるべく、しかも出生すれば、法的に親子関係が定まる（もっとも、非配偶者間の場合、ケースによって法的に親子関係の特有の問題がある）。すなわち、生殖医療はもはや治療の「ワク」を超える医術であり、そこに法的手続（家庭裁判所の許可）を欠かせないのではないか（人工授精のＡＩＤについても同じ手続きが必要と思われることは、すでに本誌前号において述べた）。

これに対し試案は、生殖医療をあくまでも不妊治療の「ワク」内においてとらえ、その妥当性を内閣府に設置する「生命倫理委員会」および「生命倫理審議会」が行政的にコントロールしようとするにすぎない（生命倫理委員会は、「生殖医療を行おうとする医療機関の申請に対して、その機関が必要な設備及び能力を備えると判断したときは、これを許可し、かつ登録を受理しなければならない」と定める「三条」など）。

(iv)　**非配偶者間の体外受精の組合せ**　次の三つのケースがある。[17]

①　借り卵子　卵子の提供は妻以外の女性、精子は夫の提供、そして妻が出産する（子の遺伝子は父の遺伝子のみ）。

②　借り精子　右と反対のケースで、精子は夫以外の男性、卵子は妻、そして妻が出産する（子の遺伝子は母の遺伝子のみ）。

③　借り受精卵　精子は夫以外、卵子も妻以外、そして妻が出産する（両親の遺伝子を受け継がない）。

なお、その他に、体外受精としては、①代理母マザー（サロゲートマザー）、精子は夫提供、卵子・出産も妻以外の女性（子の遺伝子は父の遺伝子のみ）、②代理出産（ホストマザー）、精子は夫、卵子は妻がそれぞれ提供するが、出産は妻以外の女性（子の遺伝子は両親の遺伝子）、というケースがある（この二つの体外受精については、後に詳述したい）。

さて、非配偶者間の体外受精それ自体について、どんなテーマが考えられ論議されているか。

(v) 非配偶者間の体外受精の親子論

非配偶者間の体外受精には、提供者の精子・卵子の医術的組み合わせいかんによって、父は誰か、母は誰か、法的視点においてもそこにそれぞれの特有の問題が考えられる。①借り卵子（父の遺伝子と妻以外の女性の卵子――妻出産）――このケースでは「母は誰か」が問題となる。②借り精子（母の遺伝子と夫以外の男性の精子――妻出産）――このケースでは「父」が誰かが問題となる。③借り受精卵（両親の遺伝子を受け継がない子が生まれる。出産者は妻である）――このケースでは、出産者が母か、また父は誰か、という問題が当然生ずる。

以下、それぞれのケースを検討し、また生命倫理法試案の考え方もコメントし、私見を明らかにしたい。

① 父は誰か

この問題は、人工授精のＡＩＤのケースと法の実質論は変わらないと思われる。医術の方法が異なるだけで、精子提供者は夫以外の男性、妻が受精して子を出産する。父は誰か、それは、夫の同意があれば、ＡＩＤ子は推定される嫡出子であり、夫は嫡出否認できないと考えるのが学説の多数決である。(18) しかし、民法七七二条は、もともと妻が夫によって妊娠可能であることを推定の基礎としており、この基礎がない場合には、推定が及ばないと解するのが自然である。しかも、同意にも公的意味はない（私見は、夫の同意は家裁の許可によって事実に反する出生届の性格を治癒しうると考えた）。しかし、夫の同意によって嫡出推定でも理論的にカバーできるだろうか、そこに、「実子」の判断は法理的に限界がある。そして養子、同じ養子でも、「特別養子」と位置づけることが、家裁の許可によって生かされ、手続的にも妥当であると判断した。立法的には、民法の「特別養子」の規定に一項を設け、「人工医療」による子の出生子は「特別養子とする」とされればそれでよいか、立法がなくとも、特別養子の規定の類推適用も考えられなくもない。しかし、ＡＩＤにしろ体外受精にしろ、人工医術による懐胎による出生である。やはりこの点が特別視され、「生殖倫理法」に特別の規定の立法が妥当と考えられる。

さらに、問題は夫死後の人工懐胎である。新聞報道によれば、イラク派兵を予期してか、アメリカ兵の精子の精子バンクへの提供や登録も活発であるという。戦死後でも妻は亡夫の精子を使い、人工授精・体外受精によって子を出産できる。しかし、子の幸福からみてこの夫死亡後の人工出産は法的に認められるべきか、①現行民法の七七二条によって、夫の死後三〇〇日以内に生まれた場合には、夫の嫡出子となるとも考えられる。しかし、妻が婚姻中に懐胎していないことは明らかであり、七七二条の適用の余地はない。夫死後の懐胎である。②かりに、夫の死後三〇〇日たってから生まれた場合は、夫の死後三年以内であれば、死後認知が認められなくもない（民七八七条但書）。しかし、死後認知は、生存中の親子関係を死後に認めるもので、死者との間の親子関係を認めるものではない。[19] 民法は、父の死亡時に懐胎されてもいなかった――夫の死後に人工的に懐胎した――子が出生するなどは、立法的にも明らかに予想もしていなかったことである。この問題は立法的に解決するしかないと考えられる。そこで、立法論であるが、子の出生時すでに父が死亡していることは、子の幸福からみて望ましくはなく、その夫死亡後の人工懐胎は立法的に否認されるべきであろうか、この否定論にも一つの視点がある。それでは、肯定論は全く考えられえないであろうか。妻がどうしても亡夫の子を出産したい。しかも医術的に可能である。とくに亡夫の「死後自分の子を生んで欲しい」という趣旨の遺言がある場合はどうか。それに、すでに受精卵の場合はどうか。人の生きざまの多様化もあって、夫の死後にも種々の問題が考えられる。夫の死後であれば、夫の同意もない、かりに受精卵であれば、夫の同意も推測されなくもない。結論的にいって、夫の遺言があれば、家裁の確認によって夫の死後の出産も考えられ、その視点が法の限度ではないかと考えられる。③それでは離婚後に残された受精卵についてはどうか。

恐らく実際には離婚という性格からみて、実際には子の出生はありえないと思われる。しかし、前夫の反対にもかかわらず、妻が受精卵を自分の体内に戻して子が生まれた場合、遺伝的に父である前夫が法的に父といえるか、それとも同意しないということで、単に精子の提供者にすぎないとして父ではないと解されるのか、この点は、前夫の同意がない以上、法的には後者の父ではない、という見解が妥当といえるのではないであろうか。④内縁の夫婦の場合、夫以外の男の精子によって体外受精した場合、出生した子を父が認知することで父となるのか、かりに父の認知は事実に反するとして無効と解されるのか、それは、やはり夫の同意の問題であって、右のような問題の発生防止のためにも立法的に規定をおき解決されるべきであろう。また、特別の規定がなくとも、準婚理論によって、夫の同意により夫の子と解されうることも付記しておきたい。

② 母は誰か

この問題は、出産者が母か、卵子を提供した女性が母か、女性特有の深刻かつ重要なテーマといえる。民法は産んだ女性が母であることを前提にして、父について定めているといえよう。もっとも、民法は非嫡出子について、母子関係も父子関係と同じく認知が必要であると定める（七七九条以下）。しかし、最高裁判所は「母とその非嫡出子との間の親子関係は、母の認知を待たず、分娩の事実により当然発生する」とした（最判昭三七・四・二七民集一六・

七・一二四七)[20]。この判例は、女性が懐胎した子を分娩することで、母子関係が確定するというもので、遺伝学上の母と懐胎の母が異なるという問題は、とうてい当時の立法者の予想だにしえなかったことである。

さて、体外受精では、子宮のない女性が、自分の卵子と夫の精子とを体外受精させ、その受精卵を第三者の女性に受けさせ出産してもらう代理出産——借り腹——(アメリカでは、出産女性をホスト・マザーという)のケースにおいて、法的視点では「母は誰か」という問題が現実化している。この「代理出産」は日本では、後述の「代理母出産——妻に不妊の原因がある場合——」妻以外の女性に夫の精子を人工授精させ子を産んでもらい、依頼した夫婦がその子を養育する——サロゲート・マザーという——ことが、社会的によく混同され、この二つを含む広い意味で、「代理母」とよく言われる[21]。しかし、両者をよく比較すると、妻以外の女性が子を出産するという点では共通である(「代理」の言葉が使われるゆえんであろう)。しかし、代理出産の場合は遺伝的に妻の卵子と夫の精子の体外受精によるが、代理母では遺伝的にも妻以外の女性の卵子と夫の精子の人工授精、そしてその妻以外の女性が子を出産する、という遺伝的な母の判断に大問題がある。すなわち、両者を比較すると、「母は誰か」のその解明の法的視点も異なってくる、と考えられそうである。この点がどのように法的に判断されるか。とくに「代理出産」では、遺伝子の母子関係がある。具体的には、「卵の母」か「産みの母」か法理的に問われる。まさに、法理の革命的視点が必要である。一つの見解として、分娩者を母とする見解があり、学説的にもこの見解も自然である。前述の最高裁判所の判旨のように、分娩説は法理として定着している。しかし、その体外受精の分娩説では、そこに新たな法的視点が必要とされよう。現代の遺伝学上の母は、医学の発展により一〇〇%近い確率で判定可能といわれる。この遺伝学の立場を超えないと、分娩者を「母」とする法理は生きえない。しかも、代理出産では、出産者は、あくまでも代理者にすぎない。そこでは、当然代理出産の契約が結ばれていよう。そして、出産者にはそれなりの報酬が支払われよう。しかし、この代理出産契約は、法論理的にそのまま認めてよいか、人間としての尊厳、とくに女性を生殖機能の道具視することにもなりかねず、民法九〇条の公序良俗に反して無効と解されるべきである。人工授精ＡＩＤ——夫以外の男性の妻の卵子の結合による——出産契約とは、法理的に同一視しえないものがあると考えられる。この点は明確に区別して解されるべきである。

③　代理出産の実施

日本で代理出産を実施したのは、かの著名な長野県の「諏訪マタニティークリニック」の院長根津八紘医師である。彼は、手術で子宮を失った妻の卵子と夫の精子を体外受精させ、その受精卵を妹の子宮に移植し、二〇〇一年春無事子が出産したことを公表した。これに対して日本産科婦人科学会は同医師を除名に付した。しかし法的にペナルティーはなく、同医師は活動を続けている（同医師によると「あくまで、リスクを負うホスト・マザーが、自分の意思で志願した場合でなければ、私は引き受けない。今まで実施を試みたのは五例、そのうち着床・妊娠できたのは三例、そして無事出産したのは今回のケースが初めてである」という）。新聞報道によると、同医師は、夫婦と親族間での代理出産を再び計画しているという。問題の夫は「法律で禁止されれば、我々は生きる希望を失う」と都内で開かれた市民集会で告白した（朝日新聞平成一四・一二・四）。ちなみに、同医師の借り腹のガイドラインは、つぎのとおりである。[22][23]

①借り腹とは、排卵はあるが子宮がないことにより実子を得られない夫婦が、子宮を借りることによって実子を得る方法をいう。よって(i)借りる側　先天的並びに後天的に子宮のない女性＝現時点では結婚しており、卵子も精子も採取可能な夫婦に限る。すなわち、卵子の提供も伴う代理母や、精子の提供や受精卵の提供による代理母は行わない。(ii)貸す側　結婚しており子どもがいること。あくまでもボランティア精神に終始すること。すなわち、金銭の要求または生まれた子に関していかなる権利も主張してはならない（筆者（注）たとえ契約と割り切っても、一〇カ月間懐胎し、この間精神的・肉体的にも一体感があり、しかも痛い思いをして出産する。たとえば子を引き渡すとしても無償でやれるか、さらにいえば本質的には出産者を「母」と解するべきではないか、などの疑問が一応消えない）。②経費の範囲を超える金銭の授受

は認めない。③借り腹について、医師は妊娠・出産に関する様々な危険性、問題点を十分説明し両夫婦が納得した上で施行する。④生まれた子は貸し側夫婦の子として戸籍に入れ、その後借り側夫婦が養子縁組をする（筆者（注）さすがに、同医師も出産者を実母と認める。そして借り側夫婦の養子という立場をとる。しかし、代理契約の無効がこの養子縁組によって法的に治癒されると解されえようか疑問である）。

④　代理出産実施の根拠

根津医師の代理出産の実施の根拠とは、当事者の自己決定権の尊重にある。同医師は、「妊娠・出産をめぐる自己決定権を支える会（略称ＦＲＯＭ）」を結成した。第一回の発起人会が二〇〇一年六月一七日東京で開かれた。そして、七月五日の第二回発起人会で今の基本内容が決まり、慶應大学名誉教授の飯塚理八氏が発起人会代表となり、会としての活動を開始した。①目的　妊娠・出産に関する諸問題を、時代の価値観の変化に即し、当事者の自己決定権を尊重して解決する。②生殖医療における当事者の自己決定権の支援　非配偶者間人工授精（ＡＩＤ）、非配偶者間体外受精、代理出産、代理母、着床前診断、分娩前診断などをめぐって、③代理懐胎をはじめ生殖医療に対して刑事罰を伴う法規制に反対する、などからなる。そして、この会の基本理念は、営利を排し、ボランティア精神の下で、生殖医療を必要としている人々と生まれてくる子どもの人権のために、人間愛と医療の論理に基づき行動す

ることとされる。(24)

確かに子の出産は、当事者間の自己決定権の問題といえる。しかし、ここは「借り腹」という子の出産である。そこには、命の始まり、人としての尊厳の理念をどう解すか、という生命倫理の視点から離れえない。単に人の自己決定権のみではすまない厳然たるテーマがある。もちろん、一〇組に一組という不妊の夫婦の願いが、安全な医術で解決されるならば、その医術は尊重されるべきである。まして、子を望む夫婦が自分で生殖医療を選ぶのに、なぜ国が干渉するのか、という疑問もある。根津医師の代理出産実施を正当化させる根拠である。国は二〇〇三年に「生命倫理法」を法制化するといわれていたが（いまだに実現していない）、その法制においてどうこの問題を立法的に解決するか、もちろん法的・社会的に注目される大問題である。周知のように、旧厚生省の生殖補助医療に関する専門委員会は、二〇〇〇年にまとめた報告書において、「代理出産は法律をもって禁止すべきである」と、全面禁止の立場を明らかにした。その後の根津医師の代理出産の公示である。それでも、厚労省の右の部会は、従来の方針を変更しないことを確認した（朝日新聞平成一三・八・一六）。もっとも、「条件付きで容認すべきではないか」という問題提起もあった。しかし、全面禁止の方向は崩せなかった。そして、この全面禁止は、条件付き容認の可能性についての論議を尽くした上での判断ではなかった。その専門委員会のメンバーの石井美智子教授も、「代理出産も含め、専門委員会の原案をどこまで踏まえるのか、議論して欲しい」と述べられている（朝日新聞平成一三・七・一九）。また、法務省の部会も「民法の親子関係」の検討をはじめた。ちなみに法務省民事局の清水響参事官によれば、「代理出産が禁止されようとされまいと、その子の母親を決めなければならない」とし（前掲朝日新聞）、「代理出産で生まれた子は、たとえ遺伝的なつながりがなくても出産した人が母親となる原則は変わらない」と注目すべき見解を示された。なお、総合開発研究機構の生命倫理法試案一〇条によれば、「生殖補助医療によって生まれた子については、分娩した女をその母とする」と明確に規定されている。同研究会の委員の藤川忠広氏によれば、「一〇カ月間懐胎し、体内で子を保護してきた関係は重要である。……出産と同時に親子関係を確定できる点においても優れている。……厚生省の専門委員会報告書、日弁連の提言も同じ見解を採っており、海外の立法例も多い……。代理出産の場合、一〇条の規定では分娩した女性が母となる。しかしこれが当事者の意思に合致するであろうか。母として子を養育することを望んでいるのは依頼者夫婦の妻である。そこで全米統一州法委員会のA案は、初めから依頼者の実子とする考え方を採った。しかし、ここまで当事者の意思を優先させる必要があるか、代理出産の禁止という規制は、女性を生殖の道具にしないという基本理念に基づいている。その原則を曲げてまで、当事者の意思を尊重する必要はない。すなわち、出産した代理母を母とすべきである」とされる。[25]私見も同意する。なお代理出産はさらに解明していきたい。

⑤ 自己決定権の尊重と人権違反

(イ) 「自己決定権」の尊重と「人権違反」　代理出産を法的に認めるかどうかは、肯定の根拠とされる実施者の「自己決定権の尊重」の主張と、代理出産＝借り腹出産は、女性を出産の道具視する人権違反であるとの主張と、そのいずれを妥当とするかによる。私見は、後者の否定の立場をとる。この否定的立場を新聞の論説において、江原由美子教授が明確にされた。とくに女性の論説であることが、私には注目された。新聞の見出しは、「代理出産と人権」「道具視される生殖機能」「女性の身体観変える技術」とある（朝日新聞平成一三年六月一五日）。注目されるその要旨はつぎのとおりである。「代理出産とは、産んだ後、子を他者に引き渡すことを前提として、自分と遺伝的つながりのない受精卵を子宮に受け入れて育てる」という、歴史上女性が経験したことのない妊娠出産のあり方を前提とする……果たしてこの苛酷な出産が社会的に許容されるべきか、問題の核心はここにある……この技術には、①医師②子を希望する夫婦③生まれてくる子④代理出産する女性、という四者が関わる。代理出産の是非の論議には、右の四者を含めた多くの関係者の法的視点、とくに人権侵害がないかどうかが基本テーマと考えられる。その中で、最も問題があると思われるのは代理出産する女性の人権である。代理出産とは、女性の生殖機能を道具視するもので、代理出産する女性にむごい経験を強いる可能性が高い。本人が同意したとしても、それが経済的事情や人間関係によって強いられる結果だとしたら、それは許容されるべきか」と問題提起される（筆者（注）代理出産を実施し推進する根津医師のグループの「借り腹ガイドライン」には、貸す側もあくまでもボランティア精神に終始すると決める）。しかし、それは親族、それも姉妹間が限度と思われる。まして、第三者の提供者はボランティアとは考え難い。むしろ有償とみることが常識的であり、いわば「カネ」のために「貸す腹」がなされるとみることがリアルではないか。自由な合意のようにみえても、そこに金銭がからんでくると、その実像は、金銭がからむ強制とみられなくもない。それに、事前に同意したからといって、代理母が出産後、子の引渡しを拒絶しえないと断定できるものか。この場合、依頼者は契約違反として子の引渡しを強制できるか、この強制は法理的に判決になじむものか、私は、強制は妥当とは思わない。そもそも出産契約は法的に無効と解すべきである。

いうまでもなく、代理出産は、人間、とくに女性にとって妊娠・出産とはなにかを本質的に問いかけよう。代理出産は、単なる卵子提供とは全く本質が別である。一つの見方をすれば、卵子の提供とは、献血とか臓器提供などと同じように自分の身体の一部を切り離して提供することとも解されなくもない。それに対して、さらに子宮を貸すことは、自分の身体――人間として意識も感情もある――の中にいわば他人の子の卵子を迎え入れることである。

しかも、その子は一〇カ月間もその女性の身体内で育つ。そして出産を迎える。まさに代理出産の本質こそ人間の目からモラル的に問われるゆえんがある。それは女性固有の経験である。

新聞報道では、長野諏訪クリニックの根津医師が、夫の義姉で代理出産した。国内二例目になる。夫は「筆舌に尽くせぬ喜び」と語り、「産婦人科学会は反発」「根津医師は社会的承認望む」という見出しで報道された（読売新聞平成一五・三・六）。

(ロ) 外国法の視点　ここで、主な外国法の例をみよう。①ドイツは、一九八九年「代理母あっせん禁止法」などで禁止した。②フランスも一九九四年「生命倫理法」を制定し、代理出産を禁止した。スイス、スウェーデンも同じ対応である。[26] ③イギリスでは代理母、代理出産を問わず、現に分娩した女性が母であると法律で規定した（一九九〇年）。この結果、現実には母となることを望んでいない代理母（または代理出産母）が母となる。これでは、第三者の女性が介在する人工生殖を抑制する意図が明白となる。[27] ④アメリカでは、統一州法に関する全米委員会が一九八八年八月「人工生殖児の法的地位に関する統一法」を起草し、一九八九年二月アメリカ法曹協会代表者会議でこれを承認した。同法は、人工生殖技術によって生まれた子の法的地位の安定と幸福をはかることを目的とする（一六条からなる）。この法律の特質は、裁判所の監督の下で代理母を認めるA案と、代理母を認めないB案との両論併記で、いずれを選択してもよいとすることである。これは、問題の性格上統一的に処理することが困難との判断によるものと思われる[28]。A案では、妊娠前に裁判所によって契約が承認されていなければ、契約が無効である（代理母が子の母になり、その夫が子の父になる）。B案では、いかなる代理母契約も無効とする（子の母は代理母、夫が契約当事者のときは代理母の夫が父となる。代理母が未婚者のときは、子の父は当該州法の父子関係の確定に関する規定によって決まる。なお、アメリカでは、現在なんらかの形で代理母契約を無効とするのは、アリゾナ・コロンビア特別区・フロリダ・インディアナ・ケンタッキー・ルイジアナ・ミシガン・ネブラスカ・ニューヨーク・ユタ・ワシントンの一一法域ということである[29]）。

(ハ)　卵子バンクの設立　　こうして、代理ないし代理母出産は世界的に人の出生に対し大きく波紋を投じている。日本はいまだ立法化されていない。しかし、日本でも放任しえない状況が現実化している。新聞報道（朝日新聞平成一五・二・二三）によると、「不妊患者に卵子を販売する『卵子バンク』が日本にも上陸した。韓国のバンクが同年二月から東京で営業を始め、提供者を募集している。東日本の産婦人科クリニックも、設立の準備を始めた。国内にはまだ規制法がなく、水面下で生殖ビジネスが広がる可能性がある」という趣旨の記事である。もう少し詳細には、日本で営業を始めたのは韓国・ソウルに本社を置く「DNAバンク」で、二〇〇三年二月一七日に東京・渋谷に日本事務所を開いた。インターネットやチラシを通じて日本の卵子提供者を募る。現在、二〇~三〇人の日本人が登録していて、報酬は一人六〇万円という。不妊夫婦は提供者を選んだ後、協力してくれる病院がある韓国で卵子提供を受ける。その後夫の精子と体外受精させたうえで妻の身体に移す、という方式である。成楽日本代表は、「売買は最良の方法とは思わないが、無償では提供者は現れない。日本政府は不妊患者にとっていい法律を作って欲しい」と述べる。また、卵子バンク設立を準備している東日本のクリニックは、不妊患者に一回一〇〇万円前後で卵子を提供する計画で、院長は「卵子の提供は身体への負担が大きく、無償で提供者を集めるのは難しい。五〇万円程度の報酬を支払えば確保できる」と話す。

厚労省審議会の生殖補助医療部会は三月末にも、卵子に精子を授精させた受精卵の提供を認める報告書をまとめる。それは、匿名の第三者からの無償の提供が原則で、営利目的の提供・斡旋は禁止するというもので、この報告書をもとに生殖医療に関する法案を二〇〇四年の通常国会に提出する方針ということである。もっとも、韓国のＤＮＡバンク側は、金銭のやりとりが国内で行われなければ法に触れないと、法案成立後も営業を続ける方針とレポートされる。しかし、生殖医療が営利行為になることは、法理念として許されることではない。

⑥ 生殖医療の限界

今後、生殖医療の限界がどこか、非配偶者間の体外授精、それに代理出産の性格を思うにつけ痛切に考えさせられる。私は、科学万能も人間の尊厳を破ることは法的に許されるべきでない、と強く提言したい。

日本受精着床学会が二〇〇一年七月一四日、横浜で国際シンポジウムを開いて、とくに代理出産について根津医師も加わり本格的に論議された。注目されることは、会場からは「代理出産でしか子を持てない少数派の権利も認めるべきだ」との禁止反対の意見が出たことである。また、会員からも全面禁止を疑問視する声が複数あったという。これに対し、石井美智子教授は、「少数派の尊重は大切だが、代理出産を認めなければ、本当に患者さんの権利を保障できないのか、慎重な論議が必要。子をもたない人生の選択もあるのではないか」と問いかける。そしてさらに、三菱化学生命科学研究所の米本昌和・社会生命科学研究室長は、根津医師の問題提起を重要な課題として受け止め、議論していくべきだ、とつぎのように提言する。「個人的には代理出産は原則的に禁止すべきと思う。ただ、例外的に個々の事例については、家裁など公的機関が是非を判断すればよいのではないか。これが一番ソフトランディングだと思う」というのである（前掲朝日新聞平成一三・七・一九）。しかし、私はこの提言に疑問をもつといわざるをえない。すなわち、具体的にどのようなケースが例外的なケースか、代理出産そのものに例外が考えられるか、という疑問である。例外がいつの間にか一般化する、ということにもなりかねまい。また、原則か例外かの判断基準そのものも問題とされよう。

代理出産については、本質的に人間を出産の道具化する点において反倫理的、かつ妊娠中毒症など妊娠・出産に伴うリスクを別の女性に負わせる点——たとえ本人が同意しても——において安全性にも疑問がある。いずれにしろ立法的には、法倫理的に認めえないといってよいと思われる。

(3) 代理母出産

「代理母」（サロゲートマザー）とは、妻に不妊の原因がある場合に、妻以外の女性に夫の精子を人工授精し子を産んでもらい、依頼した夫婦が子を引き取り育てるという方式の生殖医療をいう。一口にいって、出産した子を依頼者に引き渡す契約をして、妊娠・出産する女性を「代理母」と呼ぶ。子は父の遺伝子のみ引き継ぐ点において、父母の遺伝子を引き継ぐ代理出産とは区別される。もっとも、代理母とは、さらに広く妻以外の女性の卵子と夫の精子を体外受精させ、第三者の女性に産んでもらうとか、妻以外の女性の卵子と夫以外の男性の精子を体外受精させ、第三者の女性に産んでもらうケースなどについても使われることがある。(30)

(a)　アメリカ代理母出産

代理母出産といえば、アメリカぬきには語れない。アメリカは代理母出産が最も盛んな国、一九七〇年から九一年までに、人工授精型代理母から四、〇〇〇人、体外受精型代理母から八〇人の子が生まれている。依頼する夫婦は三万ドルから五万ドルを仲介機関に支払い、そのうち一万ドルが代理母に支払われる（残りは、医療費や仲介業者の手数料）[31]。日本からも、不妊の夫婦がたびたび渡米している。新聞報道では、「夫の精子空輸」「卵子提供受け」「代理母が妊娠」「赤ちゃんに三人の母」という見出しのショッキングなケースもあった（朝日新聞平成六・一一・一七）。同新聞報道によると、不妊に悩む夫婦がアメリカの「代理母」や「卵子ドナー（提供者）」を紹介している「代理母出産情報センター（都内千代田区・鷲見ゆき代表）」は一六日、日本人夫婦の夫の精子を冷凍してアメリカへ空輸、アメリカ人女性の卵子で体外受精し、これを別の女性の子宮に入れる方法で妊娠に成功したことを明らかにした。代理母は日本人夫婦とビデオで面談しているが、卵子ドナー（中国系アメリカ人の大学生）は面識がない。代理母の女性は自分の夫との子を出産した経験がある。依頼者の日本人夫婦は、生まれた子は実子として届け出る予定という。その経費は、代理母への謝礼、センター職員の渡航費、滞在費など約八〇〇万円かかったという。日本の代理母出産情報センターは国内の病院で夫の精子を冷凍し、液体窒素のタンクでアメリカへ空輸。同センターと契約しているサンフランシスコの「ＰＦＣ（パシフィック不妊治療センター）」の病院で実施された。得られた一七個の受精卵を冷凍保存し、二カ月後、このうち六個を別の白人女性（三〇歳）の子宮に入れたところ、今春、妊娠が確認された。同センターの鷲見代表は「賛否両論あるのは当然だが、患者の中には国内の病院でまともな治療を受けられないまま医者からサジを投げられた人が多い。不妊に対する切実な悩みを日本の医療が受け止めていないことに背景がある」と話す。生殖医療の発展に目を見張る一方、新聞の見出し記事の「赤ちゃんに三人の母」とは、法の目からも人倫的にも強い疑問を否定できず、生殖医療の限界を真剣に思わずにはいられないケースである。

しかし、現実にはこの種のケースは拡がりつつあるようで、「近親者の卵子で体外受精を計画」「相談中を含め一〇例」「アメリカで実施、近く出産も」という見出し記事の新聞報道がこの後もみられる（朝日新聞平成七年九月一一日）。右に述べた「代理母出産情報センター」によると、実の子や妹など近親者から卵（卵子）の提供を受け、アメリカでの体外受精で赤ちゃんを産もうという計画が、相談を含めて少なくとも一〇例あるということである。

アメリカのボストン大のリサ・ケービル教授は、「代理母といえば聞こえはいいが、本質は赤ちゃん売買と変わらない」と鋭く斬り込む。ペンシルバニア州で一月、生後六週間の新生児を殴って死なせた独身の銀行員（二六歳）が逮捕された。この男は、約三〇〇〇万円を払って「代理母」に人工授精で妊娠、出産してもらい、一人で育てていた。そして泣きやまない赤ちゃんに困り果てた末の事件だった。同教授は「彼にとって子どもとは、女性にカネをやって買ったようなものだ。そして飽きたり、はむかったりすれば、捨てるペットのようなものだった」と分析し、「代理母」の存在そのものを女性の目から鋭く問いかける。しかし、「禁止すべきだと思うが、禁止しても実効性は僅かだろう。医療用のキットを買えば、人工授精は自分でできる。代理母になる女性さえ見つければ、医師なしで妊娠が可能で、取り締まりは難しい」と問題の深刻さをアピールする（朝日新聞平成七・九・一四）。

(b)　ベビーM事件

「子どもを返して」と代理母が提訴した著名な「一九八六年のベビーM事件」（後述）をはじめ、子の帰属をめぐるトラブルも、アメリカでは続発している。現に、「代理母は貧しい女性が圧倒的に多い。金持ちの男が貧しい女性を使って子どもをつくる――セックスの関係こそないが、代理母には跡継ぎを作るための一夫多妻に通じるものがある」とも同教授は指摘する（前掲朝日新聞）。そこには子の人権の視点が全くないことがまず注目されよう。

代理母出産の法律問題では、アメリカの「ベビーM事件」（子の引渡し拒否）が著名であり、代理母出産の解明では必ずといってよいほど引用されるケースである。この事件とは、アメリカのニュージャージー州で、代理母が出産後、ベビーへの愛情から、一万ドルの謝礼金の受領を拒絶して、子の引渡しを拒否したというものである。依頼人夫婦は「子の引渡し」を提訴した。プライバシー保護のため子どもの実名は伏せられ、頭文字をとった「ベビーM事件」と呼ばれている。一九八八年二月に州最高裁の判決が出るまでの二年間、誰が子どもの親かをめぐって、全米をゆるがす論争がなされた。[32] まず、ニュージャージー州地方裁判所は、代理母契約は有効であるから、代理母は契約にしたがって依頼者夫婦に子を引き渡すべしとの判決を下した。これにしたがって、ベビーMは判決を強制執行する警察官の手で強制的に連れ出され、依頼者夫婦に引き渡された。これに対し、最高裁判決は、金銭の授受をともなう代理母契約は、乳幼児売買を禁止した法律に違反して無効と解した。そして、ベビーMの父は精子を提供した父とし、母は出産者の代理母とした。しかし、夫婦共同で監護できないので、父母のいずれが子を引き取ってその養育にあたるかは、離婚の場合に準じて「子の最善の利益」を基準にするとした。そして主として双方の家庭の経済力の比較からその基準が判断された。そして、結局依頼者の夫＝父は生科学者、妻は小児科医であって、子どもに豊かな生活と知的で文化的家庭環境を保障できるという判断から子の監護権を依頼者夫婦に認め、代理母に対しては訪問権だけを認めた。その後、子どもは一週間おきに代理母を訪問し、代理母を「マミー」と呼んでいるという。なお、ニュージャージー州の法律では、一一歳になると子ども自身が親権を終了させる手続を行使できるということで、あるいは監護権が代理母に移る可能性も十分考えられるということである。[33] この判決に対して、金城清子教授は、「……この判決のような基準で子どもの最善の利益を比較衡量するならば、ほとんどの場合依頼夫婦が子どもの養育権を得ることになる。妊娠、出産という九カ月にわたる母の貢献、そしてその間に形成された母と子との絆。『子どもの最善の利益』とは経済的な豊かさや知的な養育環境なのか、それでは、妊娠期間を通じて形成された母と子との絆が問われる」と人間的視点から鋭く批判される。[34]

「ベビーM」がはたして監護者として代理母を選ぶ日がくるのか、右の金城清子教授の指摘にもあるが、「子どもの最善の利益」とはなにか、このまま代理母出産を不妊治療として法的に認めてよいか、「ベビーM」事件は多くの問題を提起する。私見はすでに述べたが、代理母出産契約はそれ自体は法的に否定されるべきものと考える。

なお、小野幸二教授が、「家族法の話題　代理母——アメリカでの最近の事例」において、ハワイ大学矢沢珪二郎教授が「人間生殖と発生学のヨーロッパ学会」における報告をコメントされ、「代理出産の依頼夫婦は自然親よりも良い親となることができる」とのデータを紹介されている。その要旨は、「①代理母により子を得た母は自然な方法で親となった人たちよりも『よき子育て術』を持っている。②出産後に子供を引き渡しても代理母になんら問題はなかった。③軽い疑問を持つといった依頼母は一人だけであった。④子の出産後も七〇％の依頼母と代理母は少なくとも二カ月に一度は連絡を取り合っていた。⑤依頼夫婦の九〇%は代理母と良好な関係を維持し、両者間に重大な問題があるという依頼夫婦は皆無であった。⑥依頼母はＩＶＦ（体外受精）で母となった場合よりも、そのことを他人に明かす傾向が強かった」などの点が確認されたということである。(35) 注目されるデータであるが、右のデータからは、アメリカの国民性を実感として痛感させられる。

3　不妊治療の費用

不妊治療が社会的に広まれば、その費用も当然社会の関心事となる。しかし、問題が微妙なせいか、その費用が公開されることはなく、これまでは風評程度の声が聞かれるにすぎなかった。しかし、不妊治療を研究する白井千晶氏（早稲田大学非常勤講師、生殖社会学）が、二〇〇三年一―二月にかけて、不妊に悩む人たちの団体「フィンレージの会」（東京都新宿区）などを通じ、不妊経験のある男女に調査票を配布。集まった有効回答三六六件（うち男性は七人）を分析した。回答者のうち二〇〇二年に何らかの不妊治療を受けた人の年間治療費総額の平均は四一万円、最高額は二二五万円であった。また不妊治療開始以来の治療費総額の平均は約一五三万円、最高額は一、五〇〇万円にもなった。治療法別にみた総治療費額では、①妻から卵子を取り出し、夫の精子と試験管内で受精させる「体外受精」の経験がある人（二七一人）で「二〇〇万円以上」が四二・一％を占めて最も多く、次いで「一〇〇—二〇〇万円」が二八・七％だった。②夫の精子を女性の体内に直接注入する「人工授精」（八八人）は、「二五—一〇〇万円」は四三・二％、「二五万円以内」が二八・四％の順であった。③薬剤で卵巣を刺激し、排卵を促す「排卵誘発」（六八人）では、「二五万円以内」五二・九％、「二五—一〇〇万円」が三三・八％の順で多かった。

なお、現在の治療の満足度については、「満足していない」、「あまり満足していない」が合わせて三九・一％に上り、約四割を占めた。そして、不満の理由（複数回答）では、「妊娠するなどの納得いく結果を出せない」が四三・一％で最も多い。つぎは「費用」（一九％）が二番目に多かった。このほか、「治療方針などを医師が十分説明しない」が一六・一％、「病院の環境・設備が不十分」が一〇・三％の声もあった。

また、治療費と仕事との関係（複数回答）では、「経済的理由から治療回数を減らしたり、治療をあきらめたことがある」が三〇％、「治療費が安ければ仕事を辞めて治療に専念したい」が二六・五％を占める一方で、「治療費確保のため仕事を始めたり、収入のいい仕事に転職した」という人も一六・八％に上った。

調査を行った白井氏によると、「治療自体や費用を巡り精神的な負担を抱える女性が多いことが分かった。また一方では、治療を受ける女性への職場や周囲の理解が十分ではない。仕事と治療の間でジレンマを抱える女性が多い」と指摘する。それでも、平成一六年四月、少子化対策の一環として、国が治療費の一部を助成する制度を導入した。その対象となる治療法は「体外受精」と、一個の精子を針で卵子に注入する「顕微授精」の二つである。不妊治療以外での妊娠の見込みがないか、極めて少ないと診断された戸籍上の夫婦に、一年度あたり一〇万円を上限に通算二年まで助成する。費用は国と自治体が折半する。ただし、三県が「実施したい」または「検討中」とし、政令指定都市でも五市が実施したいとする。ただ、この制度導入前の二〇〇一年から年間七〇万円を上限として助成する石川県輪島市などの例もある（日本経済新聞平成一七・四・五の記事から引用）。

なお、平成一五年一〇月二日の「日本不妊学会」でも、大分市の「セント・ルカ産婦人科」の品矢悦子看護部副婦長らが同じような調査を行っている。そして学会員全員が不妊治療への保険適用について希望した、との報告もある（日本経済新聞平成一五・一〇・二夕刊）。そして、少子化対策の手探りという立場から、当時の尾辻秀久厚生労働相は、平成一七年四月二五日の衆院決算行政監視委員会分科会で、民主党の下条みつ氏の質問に対して、「二〇〇六年四月に医療保険などの抜本的な見直しをするが、体外受精への保険適用を検討したい」と述べて、適用の是非を検討する考えを表明した（日本経済新聞平成一七・四・二六）。不妊治療費は、病院が自由に決めうるのか、どうしてこのように金額に差があるのか。厚労省が全面的に行政指導を行い、かつ不妊治療である限り、保険の適用は当然望ましい。

4　注目のテーマ

(1)　米国で代理出産──「親子」と認めたい──

米国で日本人の夫（五三歳）と妻（五五歳）の依頼により、米国人を「代理母」とする代理出産で生まれた双子男児の出生届が、一年以上にわたって日本側に受理されていないことが、平成一五年一〇月二三日判明した。代理出産は現行法の想定外で、法務官は「親子関係は確認できない」というのである。したがって、双子男児は現在、日本国籍を取得できず、法律上は、両親が存在しない状態にある。米国では、日本人夫婦を両親とする出生証明書を発行したが、夫婦が在米日本総領事館に日本の出生届を提出すると、同領事館と法務省は受理を留保し、現在までこの状態が続いている。出生届が受理されないため、双子男児は日本国籍も取得できず、米国人として帰国。外国人登録をし、現在は夫婦とともに暮らしている。

さて、現行の民法では、母子の親子関係は出産の事実で発生すると解するのが判例・通説である。すなわち、法務省民事局が「米国人女性から生まれた事実がある以上、日本人の妻と双子男児との母子認定は難しい」という判断になり、今回の出生届の受理に否定的になるのも現行の法理では当然のことである。日本人の親子関係をつくるためには、いったん米国人女性を母とした出生届を提出し、その後、夫婦の養子にする手続をとる以外にない。代理出産は、前述のように日本では認めていないため、米国などに渡航するケースが多い（日本経済新聞平成一五・一〇・二三夕刊記事より引用）。

(2) 第三者への受精卵提供

その問題の特質は、厚労省が認めようとするのに対し、産科学会は、これを認めないと対立する立場がとられている。受精卵は「胚《はい》」ともいう。実は体外受精で不要となった余剰胚が、一年間に全国で五〇〇〇個以上も廃棄されたり研究に利用されているという。①旧厚生省が一九九九年に実施した意識調査によると、第三者への胚の移植について、患者の八四・一%、患者でない人の八二・四%が、「配偶者が望んでも利用しない」と回答した。その理由では、「家族関係が不自然になる」が最も多い。また、体外受精登録産婦人科医の五三・三%も認められないと回答し、「条件付きで認めてよい」は三〇%であった。②旧厚生省の専門員会のメンバーの吉村泰典教授は、「……余剰胚なら新たに第三者の女性を傷めつけることもない。不妊治療には利用は有益である。重要なことは、子どもをどう育てるかだ。子どもにも自分の出自を知る権利があることを知って欲しい。『ほかの人から卵子や胚の提供を受けてあなたを産んだ』と子どもに話せるという、ハードルを乗り越えて育てて欲しい」と主張される。子どもをどう育てるか、という基本視線は説得力があるように思われる。③「胚」は生命、扱いに尊厳をという主張がある。この立場はカトリックの人間観が最も明確であり、「受精卵」はすでに「生命」である。平成一三年一一月五日の毎日新聞「倫理を考える」によると、①キリストの世界観に縁が薄いためか、日本人の多くは「生命の起源」については突き詰めた認識を持っていないように思える。野村総合研究所が平成一二年、二二〇〇人の日本人に「いつから人として侵してならないか」と聞いたところ、約三割は「受精の瞬間」と答えたが、三割は「わからない」という回答だった。②日本産科婦人科学会の基準では、受精後二週間を超える受精卵は研究に使えない。「これ以降は人間としての臓器や組織が形成される」という理由による。しかし、この受精卵が生命かどうかについては触れていない。③母体保護法は妊娠二二週以降の中絶を禁止する。「ここまで育った胎児は母体の外に出しても生きられる」という理由による。④胎児に民法や刑法の人格が認められるのは、出生後である（以上毎日新聞平成一三・一一・五「倫理を考える」⑸）。⑤注目される見解として、三菱化学生命研の柵岳次郎研究員の見解がある。「余剰胚の提供は、形を変えた養子縁組と考える。国は養子制度の拡充を考えるべき」と提言される。「子の福祉から考えると、養子として迎えられた方がよい」というのである。「養子」縁組を考える場合、当然「胚」は人でなければならない。その意味ではこの見解に無理がある。そこで「準養子」という新観念をつくり、「胚」は人となりうる生命体であるから、その第三者への提供は、法的には子のための養子縁組の視点が妥当であり、さらにいえば家裁の許可の手続が事前にとられるべきである。余剰胚の行く末には生への選択肢があるといわれる。保存、廃棄、生殖医療のための研究への提供、第三者への提供、そして産科では関係のない再生医療の分野への提供である。いずれにしろ、人になりうる存在として、それなりの慎重な扱いが当然望まれる（朝日新聞平成一三・一〇・三一）。

(3)　代理出産に罰則（厚生労働省部会）

不妊治療のルール作りを進めている厚労省の生殖補助医療部会（部会長・矢崎義雄国立国際医療センター総長）は、平成一五年四月一〇日、最終報告をまとめた。その要旨は、第三者からの精子や卵子などの提供は認めるが、近親者などからの提供を禁止したほか、代理母など第三者の女性の代理出産を罰則の対象とした（日本経済新聞平成一五・四・一一）。厚労省は報告書をもとに立法化を目指すものとし、生命倫理専門調査会（薬師寺泰蔵会長）は、ヒトクローン胚の研究解禁を多数決で決めたのに続き、生殖補助医療にすでに利用されているヒトの受精卵や受精胚も含め、生命の萌芽の扱い方を原則的に定めた包括的な法体系は当面つくらず、役所がつくる指針（ガイドライン）で規制するという最終報告書を強引にまとめた（日本経済新聞平成一六・七・一九社説）。

生殖補助医療部会でまとめた最終報告書の主な内容と各国制度の比較

	日本	英国	フランス	ドイツ	米国
第三者提供の精子による人工授精	○	○	○	○	○
第三者提供の精子・卵子による体外受精	○（近親者は禁止）	○	○	×	○
第三者提供の受精卵の移植	○（条件付き）	○	○	×	○
代理出産（代理母など）	×	○	×	×	○

（各国のデータは厚生労働省資料などにより作成）

5　生殖医療に同意する夫の地位

これは、法務省の見解で、①不妊治療によって生まれた子の法律上の母は出産した女性とする。注目点は、卵子や受精卵の提供を受けた場合や体外受精のケースで別の女性の卵子を間違えて使われた場合も同じ扱いをする。自分の卵子を使って他の女性に代理出産して子を産んだ場合も「代理母」

が戸籍上の母となる。②父子関係の方はやや複雑である。注目点は、すでに述べたが、第三者から精子の提供を受けた場合は、夫が一連の医療行為に同意していることが父の条件となる。同意すると、出生後に自分の子でない（嫡出否認）と裁判所に訴えることはできない（注）私見は、法的に父子となるから、その同意は家裁の許可の手続を欠かせない。また、精子の提供の同意は、生まれる子との一種の養子縁組の性格を持つと解すべきことはすでに述べた）。この点、法務省の見解では、「同意」の性格について踏みこんだ法的捉え方はしていない。他方、精子を提供した男性は父とはなれない。また、生まれた子を認知することもできないし、子やその母から認知を求められることはない（ただし、高額の報酬を目当てに精子バンクを通じて精子を提供するなど違法な手続きがあった場合は、この制度の「ワク」外におかれ、認知を求められることもある。（注）このケースの認知を拒否できないとは、一種の罰則的意味を持つのか。しかし、これでは子のための認知制度に反する。それ以外に罰金刑などの処罰規定がおかれるほうが法理的に妥当と思われる）。なお、子の出自を求める権利も、法的に実父に会うという考え方はとるべきではなく、遺伝子の検査などの必要のある場合、そして家裁の許可のもとになされるべく立法化が望ましいことも述べた。なお、体外受精で生まれた子は一九八六年以降で約六万人といわれる（朝日新聞平成一五・六・一九）。

6　夫の死後、凍結精子で妊娠

西日本に住む四〇代の女性が、夫の死後、凍結保存していた精子による体外受精で男児を出産し、男児を夫の子として認知するよう求めた訴訟で、二審の高松高裁が平成一六年七月一六日、嫡出子を認めなかった一審・松山地判を取り消し、男児の認知を認める逆転判決を言い渡した（朝日新聞平成一六・七・一七）。もちろんこのケースについて、日本には法律の規定はない。社会通念、子の福祉の観点からどのように判断されるかが焦点とされていた。一審の松山地判は、①こうした方法で生まれた子を亡くなった父の子とする社会的認識は乏しい。②父親は死後の体外受精に同意したとは認められない――という理由から請求を棄却。原告側が控訴した。控訴審で原告側は「民法がこうした事態を想定していなくても、憲法などで法の不備を補うべきだ。父親の同意もあった」と主張した。松本裁判長は、「自然妊娠ではなく人工授精などによる認知請求が認められるには「父の同意」が必要と指摘。このケースでは、「死亡した男性は、妻の賛同が得られれば保存精子を使って子どもを作って欲しいと希望していた」と、死後の妊娠に同意していたと認めた。民法は、周知のように親が死んでから三年以内であれば、子は認知の訴えを起こせると規定するが（七八七条）、本件のようなケースは想定していない。これに対して松本裁判長は「制定時に想定されていなかったことをもって、人工授精などで生まれた子が、認知請求ができないとする理由にはならない」、「妊娠時に事実上の父が生存していることは、請求を認める要件ではない」と判断した。判決によると、「夫は一九九八年、無精子症になる恐れがある放射線治療に備えて医療機関で精子を冷凍保存し、一九九九年に病死した。女性は夫の精子で体外受精を試み、二〇〇一年に男児を出産。婚姻中の夫婦間に生まれた子（嫡出子）として役所に出生届を出したが、受理されなかった。そこで女性が男児の法定代理人となり、二〇〇二年六月に提訴した、というものである。問題は、「死後の妊娠に同意していた」というその証拠である。遺言書があれば問題ないかもしれない。しかし単なる口頭の同意だけでは、問題の性格上その同意は法的に認められるべきではない。さらにいえば、こうした方法で生まれることが、子の福祉に適うのか、この点も積極的な論議が望ましい。少なくとも父がなくて生まれる子の幸福になるであろう生活環境の確認が望まれる。

7　ヒトクローン誕生

「クローン」とは「全遺伝情報」が同じ「個体」のことである。遺伝子レベルでは、私のクローンは、別の「私」である。コピー人間ともいえる。クローン羊「ドリー」の誕生でクローン技術の研究も一段と進み「二一世紀は生命科学の世紀」といわれる、クローン人間誕生も現実化してきた。

周知のように、一九九七年一一月、ユネスコが、クローン技術によるヒト個体算出の禁止を盛りこんだ「ヒトゲノムと人権に関する世界宣言（ヒトゲノム宣言）」を採択した（イスラエルから、「不妊カップルが望む場合に限り、クローン技術によって人をつくることを許すべきである」との修正案が出され、クローンで子孫をつくり出すべきことを許すべきか、という人類全体にかかわる問題でも、国によって大きな違いがあることを見せつけた[36]。これより前一九九六年一一月には、欧州評議会（ＥＵ［欧州連合］の加盟国だけでなく、ロシアなど旧東欧諸国も含め四二カ国が参加している）は、「生物学と医学の応用に関し人権と人間の尊厳を保護するための条約」（通称「生命倫理条約」）を採択した。生命倫理について世界初の国際法規の誕生である。欧州評議会が生命科学の発展のもたらす人権侵害を放置できないとして、この問題に取り組み始めたのは一九七〇年代後半である。

一九九六年一一月に生命倫理条約が採択されてから三カ月後に、クローン羊・ドリーの誕生が発表された。そこで欧州評議会は一九九八年一月、急遽追加議定書を採択した。その議定書の一条一項は、「生存中または死亡した他の人間と遺伝的に同じ人間を作成することを目的とするあらゆる企図は禁止される」、と明確にヒトクローンの産出を禁止した。(37)

さて、以下その基本的論点を要約しよう。

(1) クローン人間禁止の根拠はなにか

まず総理府(現内閣府)が一九九八年八―九月に実施したクローンに関する有識者アンケート調査によると、二、一一四人の回答者の九三・五%がクローン技術を人に適用し、人の個体を生み出すことは、生命倫理の視点から好ましくないと回答している。(38)生命倫理とはなにか。そのキーワードは、ユネスコの「ヒトゲノムと人権に関する世界宣言」にも謳われる「人間の尊厳」の観念と考えられる。それでは「人間の尊厳」の観念は具体的にどう説くのか。「人間は両親の精子と卵子から半分ずつ遺伝子を引き継ぐ。それによって、個人は唯一無二の個性がある存在」となる。この「存在」は科学の力を借りて破ることは許されない。すなわち、この存在の絶対性こそ、いいかえれば「人間の尊厳」の法的観念に通ずる。それでは、具体的テーマとして、クローン人間を生み出すことが、だれの、どのような法益を侵害するのか。これを明確に説けなければ刑罰は科しえない。大谷実教授の問題提起である。この問いに対し、町野朔教授が一九九九年四月にクローン小委員会に提出した報告書は、その疑問に答えたものであった。(39) ①第一に、生まれてくる子どもの身体的安全性、つぎに家族秩序の混乱、そして人間の育種、道具化、手段化、の三点であるという。しかし、「これらは、遺伝子組み換えや遺伝子治療、代理母など先端的な生命科学技術に共通した問題があって、それらを禁止しない以上、クローン人間の作成だけを禁止・処罰しえない」という批判がある。クローン人間禁止の固有の理由がさらに問題となる。そして、同教授は、クローン禁止の固有の理由として、憲法一三条が保障した「個人の尊厳」の侵害が考えられるとする。個人は、それぞれ独自の人格を持ち、一回限りの存在として尊重されなければならない。特定の人間と遺伝的形質が同じ人間を生み出すクローン人間の作成は、複製の元になった人間と、複製された人間の両方の尊厳を侵す、というのである。この見解について、倫理学者の加藤尚武氏は、遺伝的形質が同一の人間をつくり出すことが尊厳を害するなら、一卵性双生児たちは人間の尊厳を侵害する状態になると批判した。しかし、この見解はあまりにも形式的で、クローンの場合、それが人の複製をつくろうとする目的で意図的につくり出される、というクローン人間作成行為こそが人間の尊厳を害すと解されるべきである。この立場を明確に宣言した町野教授の見解は、明らかに説得力があるというべきである。[40] また二〇〇〇年一二月の衆院憲法調査会に参考人で出席した村上陽一氏（国際基督教大学教授）は、ナチスの人体実験への反省から生命問題に厳しいドイツの基本法（憲法）一条が、「人間の尊厳は不可侵である」と謳ったことに関して、「人間の尊厳というものの持つ意味合いを国家の理念として掲げることは、基本的人権よりも前にあってしかるべきものではなかろうか」と述べた（毎日新聞平成一三・一〇・二九社説）。すなわち、基本的人権は、人間独自の存在――その存在そのものが尊厳という法的意味をもつ――があってこそ尊重されるべきであると説いたと考えられる。私も同感である。

(2) クローン技術規制法の成立

日本では、平成一二年一二月六日、いわゆるクローン技術規制法（ヒトに関するクローン技術等の規制に関する法律）が公布された。この法律の成立により、日本でも、クローン人間の誕生につながるような特定の行為は禁止され、違反者は最高懲役一〇年、もしくは一、〇〇〇万円以下の罰金という厳しい刑罰が科せられる（一六条）。この法律は日本で最初の生命倫理法ともいうべき意味をもつ。第一条において、「……クローン技術……が、その用いられ方のいかんによっては特定の人と同一の遺伝子構造を有する人（以下「人クローン個体」という。）若しくは人と動物のいずれかであるかが明らかでない個体（以下「交雑個体」という。）を作り出し、又はこれらに類する個体の人為による生成をもたらすおそれがあり、これにより人の尊厳の保持、人の生命及び身体の安全の確保並びに社会秩序の維持……に重大な影響を与える可能性があることにかんがみ、クローン技術等のうちクローン技術又は特定融合・集合技術により作成される胚を人又は動物の胎内に移植することを禁止するとともに、クローン技術等による胚の作成、譲受及び輸入を規制し、その他当該胚の適正な取扱いを確保する……」と規定する。もっとも、この法律は、ヒト胚分割胚などの九種類の胚を「特定胚」と定義し（四条一項）、特定胚の作成や譲受又は輸入などの取扱いは、文部科学大臣が定める指針に従うことを義務づけ（五条）、届出制を採用した（六条）。そして文部科学大臣には、特定胚の作成などを届け出た者に対して計画変更命令を出し（七条）、立入検査を実施する権限が与えられた（一五条）。すなわち、この法律はクローン人間の誕生は厳禁するが、クローン胚の作成を認める余地を残す、という特徴をもつ。(40) 後者は、胚を材料に使って病気になった臓器を新しく作るという研究を条件付きで認めるという意味をもつ。産業界は巨大市場となる再生医療の事業化を急いでおり、本命であるクローン研究の事実上の解禁で、研究やビジネスの先陣争いは激しくなりそうだ、との新聞の見方がある（日本経済新聞平成一三・六・六）。なお、この法律は施行後三年をメドに見直される。

(3) 再生医療――人造臓器――実用化へ

受精卵など胚を取り扱う研究を検討している総合科学技術会議の専門調査会が議論し、平成一六年六月二三日、多数決を採り、賛成一〇人、反対五人で、臨床応用までいかない基礎研究に限って容認することを決めた（ちなみに、クローン胚は、卵子を精子と受精させるのではなく、卵子に皮膚など体細胞の核を組み込み人工的につくる。これを子宮に入れ育てると、組み込んだ体細胞の持ち主と同一の遺伝情報を受け継ぐクローン人間が誕生する。

これに対して、子宮に戻さず試験管内で培養を続けて大きくし、その中から胚殖幹細胞（ES細胞）と呼ばれる特殊な細胞を取り出すと再生医療に役立つ（朝日新聞平成一六・六・二四）。現に中尾一和教授（京都大学）と田辺製薬の研究チームは、ヒトES細胞から血管をつくる研究を進めている。すでにオーストラリアから輸入した細胞を利用して血管をつくることに成功。将来、狭心症や動脈硬化などで痛んだ心臓や足などの血管を再生するのに役立つと期待されている（日本経済新聞平成一六・六・二四）。

しかし、ヒトクローン胚の研究の容認について、総合科学技術会議の生命倫理専門調査会が採択で決めたことは異例というべく、はたして妥当か。たとえば、米本昌平氏（科学技術研究所所長）によると、「……多数決で決める問題ではないと思う。むしろ日本でなぜこうした研究が必要なのか」の判断の根拠を明確にすることが先決だ」と述べており（日本経済新聞平成一六・六・二四)。また、櫛島次郎《ぬでしま》氏(三菱化学生命科学研究所主任研究員、生命倫理)によると、「そもそもクローン規制法は、母胎に戻してはいけない胚の種類の列挙など手続き規定だけで、倫理判断が明記されていない点が最大の問題点である。重要な判断を行政指針にゆだねすぎている。三年以内に行う見直し作業では、生殖医療の規制法とクローン技術を使った発生操作の規制を一体化した法律をつくり、クローン規制法は廃止すべきだ」と述べている(日本経済新聞平成一三・六・六)。私もこの見解が問題の本質からいって妥当と考える。倫理面での規制が全く見えないことこそ最大の問題点と考えられる。

8　まとめ――民法上の問題提起――

生殖革命により、親子関係の確定は民法上の不可避のテーマとなった。具体的にいえば、ＡＩＤの人工授精では父子関係と精子提供者との関係、卵子提供による体外受精（ＩＶＦ）では母子関係と卵子提供者との関係、提供胚の移植では父子関係・精子提供者の関係、母子関係・卵子提供者の関係について、以上のように、そのテーマごとにこの問題を取り上げコメントしてきたが、ここでは、さらに補充されるべき事項を取り上げ分説したい。

① ドナーは匿名を希望

新聞報道（日本経済新聞平成一七・五・九）では、「ＡＩＤ」で精子を提供した人（ドナー）の三分の二が、子どもが自分に会いに来る可能性があるといわれたら、提供しなかったと考え、「提供は匿名のままが良い」との回答が九〇％近くに上ることが、平成一七年五月九日までに、厚労省研究班（主任研究者・吉村泰典慶應義塾大学教授）の調査で判明した。調査は一九九八―二〇〇四年に慶応大学病院で精子を提供した男子一二〇人に調査票を送り、三二人が回答した。二〇―三〇歳一三人、三一―四〇歳一六人、四一―五〇歳が二人、一人が年齢不明で、既婚者は二三人であった。「あなたの提供により生まれた子が、会いに来る可能性があらかじめ話されたら、提供しなかったか」との質問には、六六・七％が「提供しなかった」と回答した。理由は、「将来の自分の生活や家庭が脅かされるので怖い」、「子どもに何らかの責任を取らなければと感じるから」、「自分と会うことで、子どもとその家族の関係が美化してしまうのが怖い」などであった。提供については「匿名のままが良い」が八七・九％に上ったことも当然である。子どもの出自の権利については、「子どもの当然の権利」との回答は一八・二％にとどまった。また、自分の情報は、「何も教えてほしくない」が四五・五％でほぼ半数を占め、「性格や嗜好など個人を特定できない範囲のもの」でも八・〇％近くが情報提供に難色を示した。厚労省の生殖補助医療部会は、二〇〇三年にまとめた報告書で、「一五歳以上の子どもに自らの出自を知る権利を認めた」が、この調査報告は明らかに提供者側にその否定的見方が多いことを示しており、今後の論議に影響するところが大きいと思われる。そもそも、ドナーは「父」になる意思は持っていない。単に医療に協力するというだけの意識と思われる。このことが、右の調査に明確に認められる。

②　代理出産は公序に反する

代理出産について、大阪高判は「公序良俗に反する」として母子関係を否認した（大阪高決平成一七・五・二〇）。事案は、アメリカで代理出産によって生まれた双子を夫婦の子として出生届をした兵庫県在住の五十代の日本人夫婦が、不受理の処分の取消しを求めた家事審判の抗告審での判決である。大阪高決の決定によると、夫妻はアメリカ・カリフォルニア州でアジア系米国人女性から提供された卵子と夫の精子を体外受精させ、別のアメリカ人女性の子宮に移し、二〇〇二年双子が生まれ、夫妻の子として地元自治体に出生届をしたが拒否されたため、二〇〇四年三月に神戸家裁明石支部に処分取消しを申し立てた。同支部は同年八月、「母子関係は認められず、養子縁組によって対処すべきである」として却下。夫妻は大阪高裁に即時抗告した。決定はまず、「出産の事実をもって母とする」との最高判（一九九六年）を踏まえ、「代理母」について、「人を生殖の手段として扱い、第三者に懐胎や分娩の危険を負わせるもので人道上問題がある。また生まれた子をめぐり夫妻と代理母との間で深刻な争いが生じる危険もある」などと指摘し、今回の代理母出産契約は「公序良俗に反し無効である」と結んだ。敗訴した夫婦は、「子どもを持ち幸福を追求する権利が侵害された」として二四日に最高裁に特別抗告する方針ということである（日本経済・朝日新聞平成一七・五・二五）。大阪高裁の決定が当然妥当といえよう。

③ AIDは姦通罪にならないか

日本の刑法では、すでに姦通罪は廃止されているから問題とならないが、イタリアでは、婚姻外の生殖行為は姦通となるが、国が同意しているときは否定される。また、子どもの多くは父親に似ていないため自分の出生に疑問を抱き、外国の調査では自分が母の姦通の結果生まれたのではないかと考える例が三〇％に上るというデータがある[41]。

④ 文書偽造

夫の子でないのに夫の子として出生届をなすことは文書偽造の罪にならないか。出生届の書類は私文書であり、私文書に虚偽の内容を記載しても、それ自体は犯罪にならない。私文書に嘘の記載をした場合、医師の作成する虚偽診断書だけが犯罪となる（刑法一六〇条）。いわゆる公正証書原本等不実記載罪（同一五七条）である。

⑤ 人はなぜ子どもが欲しいか

不妊治療をしてまで、なぜ人は子どもが欲しいのか。

かつては、日本では昔から家系を絶やさない、結婚したら子どもができて一人前という風潮があり、子どもができない夫婦は社会的に肩身の狭い思いをしてきた。「嫁いで三年、子なきは去れ」とまでいわれ、女性にとって子の出生は「家」的にも絶対視されてきた。そして、子を生み育てることは、母性愛神話のもとに女性の特有の責任と考えられてきた。男女雇用機会均等法が施行された現在でも、女性は母親になって初めて一人前、子育ては女の仕事という人の意識がいまだに社会の主流といえそうである。もっとも、現在は「男は仕事。女は家庭」という社会構造は徐々に変わりつつはある。この時代になれば、親が子を欲しがる心情も当然変わってこよう。「子を欲しい」は、夫婦間の欲求の問題に変わる。たとえば、夫に子をみせたい。自分の子どもに会ってみたい。夫と私の子ってどんな子だろう。どんな顔をしているのだろう。子どもが欲しいのは本能的なものに近いのではないかなど。これらの発言は女子学生の声である。(42) なお、この現代の女子学生の声でも、複雑な「不妊」という病気を乗り越えるには、患者の肉体的、精神的負担が大きいこと、とくにその精神的負担には母性神話が深く関わっていることが指摘されている。なお、右の女子学生の論文の中の調査項目において、ＡＩＤを希望した理由は、「子どもが好き」八六例、「妻の強い希望」八五例、「ほかに方法がなかった」六六例とあるが、その一方で、「養子縁組には抵抗がある」二八例もあり、ＡＩＤが養子縁組よりも「親子」としての絆に目が向いていることが注目される。

⑥ まとめ

不妊治療の出現は、人間にとってまさに画期的出来事である。精子と卵子の結合を人工的に可能とし、いわば人の出生の神秘性にも科学のメスが入り、しかも科学が勝利したということである。

これから改めて人間の尊厳、そして人権とはなにかにも、時代に生きる新たな視点が求められよう。とくに、精子バンク・卵子バンクなど、科学的出生も営業化されることは、まず法理的に認められてはならない。営業の自由も、人倫に反してはならない。

また、この問題は日本人の親族論にも波紋を投じよう。恐らく親族が提供者として最も一般的に係わると予想される。子どもの出自を知る権利を認めるべきか、私はあえてこの問題の慎重な判断の必要性を提言して、人工生殖親子論の結びとしたい。

(1) 金城清子『生殖革命と人権』一四頁。
(2) 石井美智子「総合研究開発機構」川井健共編『生命科学の発達と法』六一頁。
(3) 金城清子・前掲書一〇六頁。
(4) 金城清子・前掲書一〇六頁。
(5) 金城清子・前掲書一〇七頁 スウェーデンでもこの立場の反論があった。

(6) 市川義孝『母権と父権の文化史』二三四頁。
(7) 市川義孝・前掲書二三五頁。
(8) 金城清子・前掲書四六頁。
(9) 小野幸二「人工生殖における親子関係」ケース研究二四八号　五頁。
(10) 金城清子・前掲書四七頁。
(11) 金城清子・前掲書四七頁。
(12) 金城清子・前掲書四七頁。
(13) 川井健・前掲書二七三頁。
(14) 石井美智子・前掲論文三頁。
(注) 最近の新聞報道で、国内の体外受精児は新生児の六五人に一人、二〇〇三年には最多の一万七、〇〇〇人であることが、日本産科婦人科学会の調査で判明した。体外受精児は今後も増加しそうだという。厚生労働省は年間最大で一〇万円の助成金を給付していた。二〇〇六年から助成期間を二年から五年に延長すると決めている。少子対策として注目される（日経新聞平成一七・九・一七夕刊）。
(15) 根津八紘『代理出産』（小学館文庫）一三二頁。
(16) 根津八紘・前掲書一三七―一三九頁。
(17) 石井美智子「非配偶者間の体外受精と家族法上の問題点」法律のひろば九八巻九号三三頁。
(18) 石井美智子・前掲論文　前掲誌三四頁。
(19) 石井美智子・前掲論文　前掲誌三五頁。

(20) 二宮周平・榊原富士子『二一世紀親子法』二六頁。
(21) 石井美智子・前掲論文三五頁。
(22) 根津八紘・前掲書四四頁。
(23) 根津八紘・前掲書四〇―四一頁。
(24) 根津八紘・前掲書二三七―二三九頁。
(25) 藤川忠宏「生殖革命と法」総合研究開発機構編一九四―一九五頁。
(26) 藤川忠宏・前掲書九六―九九頁。
(27) 樋口範雄「人工生殖と親子関係」ジュリスト一〇五九号一三二頁。
(28) 金城清子・前掲書六七頁。
(29) 藤川忠宏・前掲書一二一頁。
(30) 金城清子・前掲書八三頁。
(31) 金城清子・前掲書八四頁。
(32) 金城清子・前掲書八五頁。
(33) 二宮周平・榊原富士子・前掲書八四頁。
(34) 金城清子・前掲書八四頁。
(35) 小野幸二「家族法の話題集二回　代理母　アメリカでの最近の事例」戸籍時報五五〇号五二頁。
(36) 藤川忠宏・前掲書一一七頁。
(37) 藤川忠宏・前掲書一二二頁。
(38) 藤川忠宏・前掲書一三七頁以下。

(39) 藤川忠宏・前掲書一三八頁。
(40) 藤川忠宏・前掲書一三九頁。
(41) 塩野宏『生命倫理への招待』一七頁。
(42) 石橋佳奈枝ほか「不妊治療をしてその先にあるものは」神奈川大「世代」四〇号一三頁。

〔付記〕

本章執筆後、新聞報道で注目すべき二つのケースが報道された。

その一つは、厚労省研究班の「ＡＩＤ」の精子提供者の「父親」、「子に会いたくない」が続々、という見出し記事である。「出自を知る権利」の立法動向を占うとき、有力なリアルのデータといえよう。ＡＩＤは国内では五〇年以上の歴史があり、すでに一万数千人以上が生まれたと推計されている。この調査は精子のドナーに対する初の調査である（前述六四頁参照）。①遺伝的な父親を知りたいと思っている子どもたちがいることについて、「六七％」が「そう思うのは人情で仕方がない」、「一八％」が「当然の権利だ」と答え、理解を示した。しかし、その一方で、匿名が条件でも「会いたいと思わない」が八八％にも上った。②「子どもが会いに来る可能性があるとしたら提供しなかったか」という質問には六七％が「しなかった」と回答した。その理由として「自分の生活や家庭が脅かされる」、「子どもに何らかの責任を取らなければならないと感じる」などをその理由にあげた。

厚労省の審議会は二〇〇三年、第三者から精子や卵子、受精卵の提供を受けて生まれた子どもが一五歳になったとき、遺伝上の親を特定できるとする報告書をまとめた。国はこれを基に本案を提出する方針であるが、棚上げ状態が続いている。しかし、一方ではＡＩＤで生まれた子たちの遺伝上の親を探す動きが広がっている。慶応大学病院産婦人科の久義直昭講師は、「提供から一五年たてば提供者の家庭環境も変わる。出自を知る権利を認めるかどうかは慎重な判断が必要である」と述べる（このレポートは朝日新聞平成一七年五月二三日掲載の岡崎明子氏による）。

私見は、精子提供はあくまでも不妊治療の一つの方法にすぎず、ドナーには父親になる意思が全くないとみるべく、もしドナーに会いたいという人は、病気の治療など医学上の理由がある場合と限定し、法的には家裁の審判事項として立法すべきものと考える。

第二章

胎児の法的地位

1　胎児とヒト

胎児とはなにか。民法も直接規定せず、胎児の利益保護のために、損害賠償の請求（七二一条）、相続権について（八八六条）、遺贈（九六五条）、遺留分（一〇四四条）、認知（七八三条一項前段）などの規定において、いわゆる特例として、「すでに生まれたものとみなす」と規定しているにすぎない。これらの規定の趣旨は、法は胎児を人とはみないが、将来人として生まれた場合に法的に不利にならないように、との配慮による保護規定である。現実に現代では生きて生まれるのが通常であるから、胎児の保護の実益は大きい。ともかく、法は「胎児とはなにか」について、直接定義づけた規定はおいてはいない。

しかし、生命という視点では、人の生命は、出生前は胎児の生命であり、出生後はまさしくヒトの生命となる。そこで、生命保護という法の正義からみて、刑法では前者については堕胎罪、後者については殺人罪を設けている。後者の殺人罪の適用について、胎児の一部が母体から露出した際に危害を加えれば、胎児の生命を奪いとる。そこで出産の安全の保障の視点から、胎児の一部が母体から露出した時を人の出生とし、殺人罪が適用される。また、前者の堕胎罪については、刑法は、妊婦が自ら堕胎したり人に頼んで堕胎してもらう行為を自己堕胎罪という犯罪で処罰し（刑法二一二条――一年以下の懲役）、また、妊婦から頼まれて堕胎した場合は同意堕胎罪（刑二一三条――二年以下の懲役）、さらに医師や助産婦が頼まれて堕胎する場合は業務上堕胎罪（刑二一四条――三月以上五年以下の懲役）で処罰する。こうして、刑法は胎児の生命の保護のために、胎児の生命を犠牲にすることは許さないという立場を明確にし、堕胎の各ケースに対応した。しかし実際上その立法的意味を失っているのが現実である。昭和二三年に日本でも優生保護法が、そして平成八年六月からは母体保護法に変わり、妊娠中絶が大幅に認められた。ちなみに、人工妊娠中絶が認められる三つの要件とは、①は、優生学的見地からで、「本人又は配偶者が遺伝性疾患、奇形、らいなどにかかっている場合」、②は、倫理的見地からで、「暴行若しくは脅迫によって又は抵抗若しくは拒絶しえない間に姦淫されて妊娠した」場合、そして③は、母体保護の見地によるもので、「妊娠の継続又は分娩が身体的又は経済的理由により母体の健康を著しく害する恐れのある」場合とされる。恐らく、実際には③の経済的理由による中絶が最も一般的であろうと推定される。なおこの手術は母体保護法指定医師が行うものである。こうして、いまや刑法の堕胎罪の規定は法としての機能が失われたといってよい（むしろなぜ削除しないか、という疑問が法的に提起されよう）。

2 胎児の生命権と女性の自己決定権

注目されることは、子を生みたくないという選択肢が女性にあることで、いわば子を生むか生まないかは、女性のプライバシーに関わる問題といわれていることである。

さて、人工中絶をめぐっては、賛否両論がある。①賛成派は、「女性の自己決定権の尊重」をその根拠として主張する。この主張は、一九七〇年の夏、「私の腹は、私のもの」という標語でフランクフルト市街をデモ行進した女性たちが著名である。(1) ②他方、人工妊娠中絶に反対の立場の人は、中絶を行うことは「生命の尊重」という基本原則を侵害すると主張する。「人間の生命の尊厳」を守る、というモラルも崩れる。いずれにしろ、その主張にはそれぞれ妥当な根拠が認められるが、七三年アメリカの連邦最高裁判所がＲｏｅｖ・Ｗａｄｅ判決で、妊娠三カ月以内の中絶については妊娠の自己決定権を保障し、一方胎児が母体外で生育可能な状態に達した後は母体保護の目的から中絶を禁止するとした。この判決は、「女性の自己決定権」と「胎児の生命権」という一見相反する権利を法的に調整するため胎齢によって妥協策をとったものと解され注目される。(2) いま、日本では少子社会であることもあってか、この問題の論議は社会的にも聞こえてこない。

3　胎児は生命体

前述のように、胎児は母体から露出以前はヒトではない。しかし、胎児には生命がある。それでも、母体保護が優先し人工中絶が認められる。いってみれば胎児は、母体あっての存在である。しかも、胎児と妊婦はそれぞれ別個独立の生命をもっている。注目されるべきは、胎児は母体内に生きてはいるが、胎児はあくまで母体の一部でない、ということである。藤木教授によれば、「婦人科医学上の知見も、胎児は母体の一部ではない、とみる法律上の認識と一致する。すなわち、胎児は母体に依存するが、母体とは全く異なる独立の生命体と保有すべきである。器官というと、やはり胎児は母体の一部の存在だ、という認識にならざるをえない。胎児は母体によって、出生後、人たるべく生命脈を生長させつつある生命体と解すべきであろう」。同教授は、器官と解されつつも、さらに論点を続けて、「受精卵は、受精後直ちに細胞分裂をはじめ、その際、人体の器官の原型ができあがる。精神生活や意識に必要な器官（脳・神経）も、極めて早い時期から生成する。胎児は間もなく固有の循環機能を開始し、固有の物質代謝も行う。血液型は血液のＲＢ因子も母親とは異なる。……また、母親が死亡しても胎児が一時的に生存していることがある。……このような事情から、医学上、胎児は独立の生命体と認められている」と述べられる。[3] 右の説明は、まさに胎児は母体の器官ではないことを、同説において具体的に述べたものと解される。このように考えると、胎児は母体保護法の中絶時期を終えた段階で、むしろ法的に「人」とみると定義づけてもよいのではないか。しかも現在死産はほとんどありえない。

4　サリドマイド事件

胎児とはなにかということが法的に正面から論議されたのが、このサリドマイド事件である。民事・刑事両分野において裁判が展開された（日本では民事事件のみ）。

周知のように、サリドマイド剤は、別名「悪魔の薬」といわれ、妊婦がそれを服すると、奇形児出産の原因となった。旧西ドイツのグリュネンタール製薬会社が開発した薬で、催眠・鎮静作用をもち、「副作用のない新薬」として世界に販売された。日本でも、昭和三二年から「イソミン剤」と名づけて、鎮静・催眠剤として、とくに妊婦の「つわり防止薬」として効果的とされ大量販売された。そして、その副作用は、昭和三五年頃から社会に表面化した。まさに胎児にとっての悲劇で、旧西ドイツをはじめ、日本、イギリス、スウェーデン、カナダ等で少なくとも八、〇〇〇名以上の先天的障害児が生まれた。日本でも、少なくとも五〇〇名から一、〇〇〇名以上のサリドマイド障害児が生まれたと推定されている(4)。

胎児に刑法上障害罪は成立するか。この問題こそ、サリドマイド事件の核心を占める。旧西ドイツにおいてその刑事裁判が提起された（製薬会社の役員が過失傷害罪の刑事訴追を受けた）。この裁判は実に長期の審理の末、一九七〇年一二月一一日、「裁判打切り」という異例の形で終結した。つぎの二点が注目される。①右の「裁判打切り」という制度の運用についてデータが提供されたこと。そして、②胎児の先天的傷害について、――奇形児として出産した――これを刑法の構成要件にあてはめるとき、法的に傷害罪が問える「人の傷害」といえるか、である。すなわち、ここに胎児ないし胎芽に対する傷害行為について、刑法にいう傷害罪と認めうるか、正確には過失傷害罪が問われるかである(5)。

さて、監察官が、この事件を過失傷害で起訴した論拠は、サリドマイドにより母親の胎芽を正常に生育させる機能を害した、という点をとらえ母親に対する傷害と解したことにある。これに対して、裁判所は、マウラッハ教授およびシュレーダー教授の見解の一部によって、奇形児としての出生を生まれた子の身体傷害であるとした。その論点はつぎのとおりである。①サリドマイドまたはその誘導体は、胎児にだけ作用をおよぼすもので、母体の胎児に血液中の物質を運ぶ作用、胎児に栄養を供給する作用は全く害されないから、母体に対する傷害という観念は成立しない。②健康の障害は胎児の段階から始まるが、それだけで完結するものではなく、刑法二三〇条の客体たる人になったときに始めて発生する。「……胎児は、四肢による目的をもった動作――走る、手を動かす、聴く等――の基礎は有するが、その能力は有しない。その機能自体は、出生の時点においてはじめて発生し……その機能がはじまって機能障害ということも生じうる。したがって、この時点において身体機能の障害がはじまり、健康障害が認められる。すなわち、ここに奇形の発生を人に対する傷害ということができる」(6)。要するに、加害行為(薬の影響)の時点においては傷害罪は成立しないが、その影響は後に出生時に人の身体機能の障害という意味での傷害としてはじめて発生する、という視点において傷害罪の成立を認めようというものである。いかにも苦心の決定である。しかし、前述のように、最終判断に至らず「裁判打切り」という形で論争にピリオドが打たれた。鑑定意見を述べた法学者は、裁判所の採用した右の二人の教授を除き、すべて過失傷害罪不成立、という見解であった(7)。藤木教授によれば、「もちろん、理論として、奇形児出生が生まれた子に対する傷害である。この解釈が成り立たないわけではない。しかし、それは、いかにも不自然な、たとえていえば、軽業的な解釈である。鑑定意見を述べた刑法学者の多くがそれに反対したのはそれだけの根拠があったといわねばなるまい」と評される(8)。刑法上傷害罪とは人の身体に対する傷害であり、胎児は出生して人となる。この法的視点からいえば、同教授の評論も法的に自然の理といわなければならない。ドイツの裁判所も同教授の法理を超えなかったとみてよいであろう。

日本の裁判は民事裁判のみであった。昭和三九年に名古屋の障害者の二家族が、大日本製薬株式会社を相手として損害賠償請求を名古屋地裁に提起したのである。これを契機として、昭和三九年から四〇年にかけて、京都、東京と続き、原告は右の会社のほかに国をも相手として、加害企業の責任追及とともに、国の業務行政の責任を追及し、本格的に薬害裁判に持ち込んだ。このサリドマイド裁判の特質は、原告側の山田伸男弁護士によると、つぎのように要約される。①裁判が著しく長期化した。②双方から審証として膨大に学術論文、とくに外国文献が提出された。③外国人の証人、鑑定人を出廷させている、ことなどである。この裁判について、原告側はつぎのように意義づけたことも合わせて注目される。①被害者の実態把握と研究治療体制の確立、②薬禍・薬害再発防止制度の確立、③被害者の生活保護などをとくに重視して要求した。この裁判において、原告側は、奇形児・遺伝学の世界的権威である旧西ドイツのレンツ博士、また、アメリカのティエルシュ博士の出廷を実現させるなど、国際的権威の知能をも集中させた。

しかし、昭和四九年一〇月二六日に東京地裁において和解成立、その後一一月一二日までの間に全国八地裁において順次和解が成立した。この裁判プロセスから、私はとくにつぎの点に注目したい。①訴訟一〇年余りの間、国と右会社は被害者とその家族に対した人に特別の救済措置はとらなかった。これは訴訟では当然かもしれない。しかし、サリドマイドという事件の性格を思えば、政策的にその救済措置が当然立案されるべきであった。②和解金は、症状によりA・B・Cの三ランクに分け、年金の場合物価スライド付年金が決められたことは評価される(10)。

このサリドマイド事件は、「胎児」とはなにかを問いかける重大事件であったといえよう。しかし、胎児論として、このサリドマイドの刑事事件は、この法理をさらに考えさせるものがあるのではないか。胎児の段階で傷害を受ける。これはサリドマイド事件だけでなく、藤木教授の指摘のように、「受胎中に母体から摂取された薬物や重金属による傷害（たとえば胎児性水俣病）のみでなく、妊娠中の女性が自動車と衝突して打撃を受け、母親の身体にはとくに傷害とみるべき被害は生じなかったため、過失傷害に問うことはできないが、その衝撃で胎児の脳その他の部分に傷害が生じ、そのためにその子がのちに奇形児あるいは精神薄弱児として生まれることは十分にありうることである(9)」。このようなケースが現実的に考えられうる時代にある。しかし日本では、サリドマイド事件の刑事問題は訴訟とされなかったこともあって、胎児の刑法上の論議はほとんどみられなかったといってよい。

5　胎児の不利益のケース

胎児の不利益についても「人とみなす」ことが、立法で定められるべきである。旧西ドイツでは、前述のように「胎児は人でない」という法の壁が傷害罪の適用を拒んだ。この問題を思うにつけ、「胎児」の法的地位の弱さを思わずにはいられない。この点は立法的にも早急に検討され、胎児の先天的傷害にも人の傷害罪が適用されるよう立法的解決の必要性を提言したい。ここでは、その根拠を改めて指摘したい。それは、現行民法上、胎児にも損害賠償請求を認めている（七二一条）が、これは胎児の利益保護の趣旨による、と立法されていることの矛盾である。一見すると、確かに損害賠償請求は胎児の利益保護と受けとられる。しかし、本来損害賠償とは、まさに現状回復――被害の補填である――であって、「利益」に通ずる観念ではない。むしろ不利益を補填する観念である。いいかえれば、胎児に損害賠償を認めたことは、胎児の先天的不利益をカバーしよう、との立法的目的をもつものと解されるべきである。すなわち、民事の損害賠償請求と刑法上の傷害罪構成が法理的に遊離していては、法理そのものの妥当性が根本的に問われよう。確かに傷害罪の構成要件には独自の視点がある。しかし、胎児の不利益が先天的傷害であって、民事上損害賠償が認められるなら刑法も同じ視点を重くとるべきではないか。解釈論として無理があれば、立法的に胎児に対し傷害罪を問える規定の設定が現実的に望まれる。まして、生体医学が発達し、「ＡＩＤ」などによる人工的「胎児」——人となる——が出現している。胎児の地位の法的安定、とくに先天的に傷害のない人の出生となることの法的保障こそ人権的にも確立される必要性が現実的に急務と思われる。

現行の民法上では、胎児の利益のみを保護し、不利益に目をつぶるという規定であるが、形式的で欠缺があるといわざるをえない。ここに一つのテーマとして提言したい。

6　中絶胎児の幹細胞利用

中絶した胎児の組織を研究に利用していいのか。三年以上にわたって議論してきた厚生労働省の専門委員会が、平成一七年五月一九日に最終方針を出した（研究指針の作成を当面、断念することで合意）。

これまで研究を推進したい側と、倫理的視点を主張する人たちの意見は、平行線をたどったままである。日本の中絶件数は年間三二万例に上る。胎児は一二週以上なら死産扱いになるが、一二週未満では墓地埋葬法の対象外、多くの中絶胎児が、感染性廃棄物として処理されている。次章に述べる横浜の廃棄事件から世論も胎児の扱いに関心が高まってきた。日本には中絶胎児の研究利用に関するルールがなく、是非は各施設の判断に任されている。全国の大学病院や研究施設を対象にした厚労省専門委員会の調査（二〇〇三年、一四四一施設中、六〇六施設が回答）によると、胎児を用いた再生医療の研究は、基礎と臨床応用を目指した研究で計二二体、海外から胎児細胞を輸入した例も六体あったという。

厚労省研究班の調査では、欧米ではほとんどの国が胎児組織の研究利用について法律や指針を定めており、ドイツを除き容認している。専門委員会は「アンダーグラウンド」ではなく、社会に見える形で研究を進める必要がある」との二〇〇二年一一月、中絶胎児の幹細胞の研究を指針に入れる方針示した（その後、内外から数々の病気が出たので断続的に審議し、〇四年五月に再び容認の方針を示した）。そして、横浜の事件が発覚した。委員会の議論に影響を与えたことは当然である。半年の中断後、平成一七年二月に再開された委員会では、幹細胞の利用についてのみ指針を出すとしていた方針が一転し、「別の組織で、中絶胎児の研究利用に関する包括的な指針づくりが必要だ」との流れに論議の方向が変った。はたして、どう論議が進むのか。専門委員の二人の見解が新聞紙上に述べられているが、賛・否両論に分かれていた（朝日新聞平成一七・五・一七、このテーマの解明は同紙の記事のコメントの指示が大きい)。

その一つは西川佑一氏（理化学研究所幹細胞部門ディレクター）の見解である。その要旨は、「私のチームは再生医療を目指しES細胞を研究しているが、中絶胎児から採取した幹細胞も有望な選択肢の一つとみられている。こうした大きな価値を生み出す可能性があるものを初めから排除すべきではない……倫理問題もイエスかノーの思想論に終始するのは不毛である。……問題の背景には『勝手に何かしているのではないか』という医師や研究者に対する不信がある。中絶する女性に大きな負担があるのも分かる。だからこそどのような場合ならよいのか。手続を明快に示すことが必要である。それにはインフォームド・コンセントや情報公開のあり方が重要で、その議論をしていきたい。……反対の人たちはこの医療の可能性を切実に願っている患者さんの声を十分聞いたうえで、反対の理由を明確に示す責任がある」と述べる。これに対して、反対の立場をとる慶応大学教授の長沖暁子氏は、「……ルールを決めるならまず倫理的意味を考え、その上で是非を検討すべきである。倫理的な議論がなされたことがないし、メンバーも科学者に偏っている。中絶を経験する女性の立場からいえば、中絶胎児は決してモノではなく、色々な思いがこめられた存在である。生命の萌芽である胚も含め、敬意をこめて扱うべきである。人間の組織を研究に使うことが許されるのは本人の同意が最低のルールと考えるが、中絶胎児からは同意はとりえない。クローン人間も同様、人間が手をつけてはいけない領域というものがあると考える。……『どうせ捨てられるもの』だからという人には、生命観が違いすぎるとしか言えない。幹細胞に限らず、中絶胎児の研究を包括的に考えるルール作りが必要と思われる。新たに委員会を立ち上げるのなら、生殖に関する意識に男女で大差が出ているから、女性が少数を占める構成とし、研究の当事者は入れるべきではない」と言い渡される。

そして、三年以上にわたって議論してきた厚労省の専門委員会が、平成一七年五月一九日に最終方針を出した。研究推進派と倫理問題の主張派との対立をどう調整するか、その動向が注目された。

その動向を決める専門委員会は、予定どおり五月一九日開催された。ところが、焦点の中絶胎児の幹細胞利用については、結論を先送りし、別組織で検討する方針で合意するにとどまった。三年以上議論が続いての先送りである。ほかの幹細胞の研究利用について早急にその指針をまとめ、中絶胎児については結論が出るまで臨床研究に使わないよう、各施設に求めるということである（朝日新聞平成一七・五・二〇）。

法的には、これまで胎児については、その利益保護が民法規定されているにすぎず、その本質論議は従来全く空白といってよい状況であった。

しかし、先端医療の急速な発展は、もはや胎児の本質を放任しえない現実である。

民法上、胎児は出生して人となる。すなわち、文理解釈的には出生前は人ではない。しかし胎児は生命体であることは問題がない。現代の医療では、出生前に性別も母親が分かる。もはや「人」として「胎児」を説いても異論はないそうである。しかし反面、胎児には出生前「中絶」によってその生命が絶たれてしまうという特有の問題がある。出産者の母体保護が法的に優先することである。そのためには胎児の生命の中絶もやむをえないとされる。しかし、この中絶という問題があるからこそ、逆説的にいえば、胎児の生命の尊厳が法的に尊重されなければならない、ということだろうと考えられる。私は、この胎児の尊厳は、中絶胎児から採取した幹細胞の再生医療研究と法的視点において主張したいと考える。もちろんこの研究が商業ベースに転化することは許されない。そして、その研究の手続として、中絶した母親たるべき女性、夫婦であれば夫婦の同意を欠かせないと思われる。

こうして、胎児論も本格的に法の舞台に登場してきた。もちろん、その視点では倫理観も本質的要素を占める。横浜の廃棄事件、中絶胎児の幹細胞の利用論など、いずれも「胎児とはなにか」を法倫理さらには法医学的に本質的問題を投じた。このごろ立法的活動が大きく注目される。

（1） 塩野寛『生命倫理への招待』三八頁。

(2) 塩野寛・前掲書三九頁。
(3) 藤木英雄『新しい刑法学刑法の現代的課題』七三頁。
(4) 山田伸男「サリドマイド裁判」ジュリスト特集「医療と人権」一三六頁。
(5) 藤木英雄・前掲書一六九―一七〇頁。
(6) 拙著『人の一生と法律（第三版）』三五頁。藤木英雄・前掲書一七五頁。
(7) 藤木英雄・前掲書一七二頁。
(8) 藤木英雄・前掲書一七七頁。
(9) 藤木英雄・前掲書一七〇頁。
(10) 拙著・前掲書三六―三九頁。

第三章

中絶胎児投棄事件

1　事件の大要

朝日新聞（平成一六年七月二〇日）が、一面において「胎児の尊厳どこに」、その社会面には「中絶児を一般ゴミ」という大見出しで、胎児の人権論に重大な問題を提起した。この大見出し記事の背景には、当然社会をゆさぶると思われる事件があった。朝日新聞の報道は、その事件のスクープ記事といってよい。事件の要旨について、同紙の社会面には、「手足切断して捨てる」、「横浜の医院二年前まで、妊娠一二週以上」、「違法廃棄続く」、「扱い不明確、法整備必要」の見出しによって、その事件の事実関係と解説を掲載する。

「横浜市内の産婦人科クリニックで、妊娠一二週以上の中絶胎児を一般ゴミとして捨てていたことがわかった。本来、火葬すべきだが、一般ゴミに紛れ込ませるために細かく切っていたという。一二週以上の中絶を受け付けなくなった二年ほど前にやめたが、一二週未満の胎児や胎盤については、朝日新聞が最近指摘するまで一般ゴミとして捨て続けており、廃棄物処理法違反の疑いが強い。同様の問題を抱えた医療機関は少なくないとみられる」と報道し、社会に問題提起した。解説の前提として、同紙は「おぼつかない実態把握」、「現状は論議をタブー視する」との見出しを掲げる。その要旨は、「生命倫理の専門家や専門学者、さらには国、都道府県、市の担当者を訪ね歩くうちに、こうした胎児の扱いは、深い闇の中に埋もれている現状が浮かび上がった」と述べる。

2　中絶胎児を「一般ゴミ」

このように、横浜市内の産婦人科クリニックにおいて、要するに胎児を一般ゴミとして捨てており、廃棄物処理法違反の疑いがあるとして、神奈川県警が同病院を強制捜査し、同院長から本格的に事情を聴くということで、事件が始まった。この事件は、朝日のスクープ記事としてその調査報告が紙面に現れた。その後、神奈川県警は、平成一六年九月一五日、同クリニック元院長Ａ容疑者（62）を廃棄物処理法違反（委託基準違反）で逮捕した。Ａ容疑者は容疑を認めているという（日経新聞平成一六・九・一五夕刊）。廃棄物処理法は、妊娠一二週未満の中絶胎児や血液の付着したガーゼなどの「感染性廃棄物」を処理する際は委託業者に種類や数量などをあらかじめ文書で通知することを義務づけている（一二条の三⑴項）。そして、違反した場合は、三〇万円以下の罰金が科せられる（二九条）。もっとも、同法には胎児が感染性廃棄物であると明示した規定はない。しかし、妊娠一二週未満の中絶胎児や胎盤などは、血液や体液を含んだ脱脂綿、注射針、臓器などと同じく「感染性廃棄物」と解され、実際にそのように処理されている、ということである。

妊娠一二週以上の胎児については、墓地埋葬法第二条の「埋葬」に関する定義規定で、死体（妊娠四カ月以上の死胎を含む）と規定されている。前述のように、妊娠一二週未満の胎児の扱いについては、廃棄物処理法にも明記されていない。そのため、県警が環境省に照会したところ、「倫理上は丁寧に埋葬すべきだが、引き取り先がない場合は、廃棄物処理法上、感染性破棄物として扱わざるをえない」との回答があったという（前掲日経夕刊紙）。

その実態であるが、厚生労働省によると、国内の人口妊娠中絶は年間三〇万件を超えるという（前掲日経・朝日紙）。ただ、中絶胎児の扱いは、これまでのコメントからも明らかなように明確とはいえない。とくに、妊娠一二週未満の胎児の扱いはルールがあいまいで、中絶は、胎児は闇から闇へ葬られる実状といってよいと考えられる。

3　中絶胎児の法的処理

その現状については、朝日新聞の調査に詳しい。

①　妊娠一二週以上の中絶胎児は、墓地埋葬法で火葬・埋葬することになる。しかし、家族が引き取らないときは、結果として医師が葬祭業者に扱いを依頼するか、仮に捨ててしまっても同法違反に問うのは難しい。同法には死体遺棄罪があるが、通常ゴミの中身を知るのは難しく、医師が立件されることはなかった。まさに闇から闇に葬られてしまうという実状である。

②　「死体」とみなされない一二週未満の胎児の扱いはさらに不明確といわれる。

(イ)　「ゴミ」として捨てる場合は、前述のように廃棄物処理法で規制され、多くの自治体がそれに従い扱っている。たとえ一二週未満でいまだ「人間」の形にいたらない胎児でも「ゴミ」扱いとは、あまりにも非道といわざるをえない。廃棄物処理法にいう「感染性廃棄物」ということである。

(ロ)　自治体によっては、独自の条例で中絶胎児や胎盤などを感染性廃棄物とは別の専門業者に許可を与えて扱わせているところもある。朝日新聞社の調査では、北海道・東京・神奈川・愛知・三重・京都・大阪・兵庫の全国八都道府県である。元々は公衆衛生上の観点からつくられた条例といわれている。「胎児」を人体としてみる法の視点に乏しい。そのせいもあってか、神奈川県では八〇年代「廃棄物に統一してはどうか」の条例廃止の論議も出されたという。火葬・埋葬の手続が面倒なこと、それに、それなりに費用もかかること、また人間としてこの世に出生していない胎児の処理という視点が、この論議の背景にあったのではないか、と私は推察する。しかし、「一二週に一日足りないだけで、『ひと』が『ゴミ』になるのはおかしい。胎児の尊厳にも配慮すべきである」、という見解がこの論議を制し、存続が決まったということである。

しかし、右の各地の条例も取り締まりの対象を許可業者に限定しており、医師を規制することは難しい。現に問題は条例に反しても廃棄物処理法通りに処理していたら、どうなるかも明確ではない。私は、一二週以上の胎児と知っていながら廃棄物処理法の処理をした医師については、条例違反に問えると考える。許可業者に胎児の処理を委託するのは医師であり、受託者の業者だけの取り締まりでは、その条例を定めた趣旨に反すると思われ、さらに、「委託」という契約理念にも反すると考える。さらに、朝日新聞の調査は、「条例があっても、それが適切に機能しているか疑問だ」とその実態解明にも迫る。胎盤や卵膜などの「えな」――私はこの言葉すら知らなかった――や、中絶胎児を許可した業者だけに扱わせる右の条例は、「えな条例」といわれる。そして、この「えな条例」を持つのは、右の八都道府県にとどまり、ほとんどの自治体が「えな条例」の存在を知らなかったという。担当者が、ゴミを扱う環境部局か医療を扱う衛生部局かあいまいなため、たらい回しにされることも多かった。問題の実情をレポートした記者が会った、条例を持っていない埼玉県の担当者は、「宗教上の問題や人としての尊厳を考えると、廃棄物としての扱いは望ましくない」と回答し、静岡県も「親が望めば一二週以上の胎児と同様に火葬され、望まなければ、感染性廃棄物として処理されているはず」と回答し、ゴミと言い切る担当者は少ない、ということである。

4　中絶胎児で産婦人科医会、一二週未満も処理委託を

中絶胎児を一般ゴミとして捨てていた横浜の産婦人科クリニックがゴミ扱いで捨てていた問題で、日本産婦人科医会（全員一万三、〇〇〇人）は、九月一一日、東京都内で会合を開き、妊娠一二週未満の胎児の扱いについて、ゴミ扱いせず、専門業者に委託して処理するよう会員に徹底することを決めた。そして、A元院長の処分はせず、退会届を受理するにとどまった（朝日新聞平成一六・九・一二）。この元院長の処分はいかにも形式的で甘いとしかいいようがない。なお、一二週未満の胎児の処置もこれでよいか、との論議がみられないことも、私は疑問が残る。

人工中絶については、論議自体がタブー視されている、といわれる。専門の学会もなく、現場の医師も看護師もあえて語りたがらない、という現状のようである。生命倫理や母体保

護法に詳しい斉藤有紀子氏（北里大学医学部）は、このような現状に疑問を投じ、かつて研究仲間たちと中絶胎児の取り扱いについて調査しようと試みた。しかし、議論はタブー視され、このテーマの研究の難しさを痛感したという。新聞紙上で斉藤氏は「中絶論議がタブー視される現状で、中絶後の胎児がどのように扱われているかは、ほとんど見えてこない。誰もが触れようとしない中で、今回のように胎児を粗末に扱うようなことも起きるのではないか」と語る。朝日新聞は、もう一人、中絶という重い課題を取り上げた小説『天使の代理人』の作者山田宗樹氏（38）のつぎの言葉を紹介する。「中絶胎児を見たくないという親もいる。なら好きなように処理していいのだろうか、私は着床と同時に『命』だと考える。日本人特有の意識かもしれないが、最低限の礼儀はわきまえるべきだ。感情的に善か悪ではなく、どうしたらよいかを考えるべきだ」というものである。

5 胎児の尊厳

さて、中絶胎児の処理問題である。さすがに横浜の産婦人科医の中絶胎児の「一般ゴミ」扱い事件は、国家的にも大きな波紋を呼んだ。まず、厚生労働、環境両省が進めていた全国調査で、妊娠一二週未満の中絶胎児が全国の約三割の自治体で「ゴミ」として扱われていることが、九月二四日に判明した（調査は、平成一六年七―八月に、四七都道府県と保健所を持つ五七市の計一〇四自治体を対象に実施された）。その結果、注射針などの感染性廃棄物を扱う廃棄物処理業者が妊娠一二週未満の中絶胎児を扱うことが「ある」と回答したのは、青森・千葉・沖縄など二〇県を含む三二自治体であった（全体の三〇・七％）。「ない」と回答したのは六〇自治体で、「不明」は一二自治体であった（日経新聞平成一六・九・二五）。

そして、厚生労働省は、九月二四日、問題は「生命の尊厳にかかわる」との見解を示し、「適切な取り扱い」を求める通知を出すことを明らかにした。厚労省は今回の通知で、①条例の許可業者が廃棄物とは別に収集・焼却する。②条例の許可業者が収集し火葬場で焼却する。③医療機関が火葬場で焼却する、の先進事項を参考として提示し、各自治体に「適切に取り扱う」よう求める、というものである。また、同種条例の設置を求めることも検討されたが「国に権限はない」と見送られた。それに、医療機関側の規制も難しいとされ、実際の取り扱いは「自治体任せ」が続きそうだ、ということである（朝日新聞平成一六・九・二五）。生命の尊厳を考えるならば、なぜ国の法律で定めないで、自治体に任せるのか、との疑問が否定できない。自治体の行政処分という問題ではない、とここで強く指摘したい。

胎児の尊厳、さらに「人」と擬制する立場から、つぎの判例が注目される。それは、胎児に傷害を法的に事故で認定したケースである。それは、居眠り運転で対向車と衝突、妊婦とその後生まれた女児に傷害を負わせたとして業務上過失傷害罪についての鹿児島地裁の平成一五年九月三日の判決で、交通事故で胎児だったときに傷害を負った人を被害者として、業務上過失傷害罪が成立すると認めた最初のケースである。この判例の出現も胎児の人権の尊重からであって、この判例とも照らし合わせると、中絶胎児も火葬によるとする、この見方が当然法的に考えられる。今後の立法の動向に注目したい。

（注）　横浜地裁は平成一六年一〇月五日、一二週未満の中絶胎児を一般ゴミとして捨てていたとされる事件で、一二週未満の中絶胎児を含む「感染性一般廃棄物」を業者に通知せずに捨てたとする廃棄物処理法（委託基準）違反の罪で、元院長A容疑者（62）を起訴した。中絶胎児を不法に投棄した行為に同罪を適用し医師を起訴するのは初めてのことである。A元院長は起訴事実を認め、同クリニックを巡る捜査はこれで終結した。

なお、法律上「死体」として扱うと定められている一二週以上の中絶胎児について、元院長は市の調査に対して捨てたことを認めたが、同地検は最終的に「遺棄の事実が特定できなかった」として死体遺棄・投壊罪などの適用を見送った。また、神奈川県警によると、中絶手術によって母体内で損害を受けた胎児を母体外で切断することの違法性も立証できなかったという。

県警などは、「胎児は廃棄物ではないが、廃棄物と混合されて排出された場合には感染性一般廃棄物として取り扱う」とする環境省の見解を踏まえて立件に踏み切った、ということである（朝日新聞平成一六・一〇・六）。

第四章

ドイツのベビークラッペンと匿名出産

1　ベビークラッペン制度とは

ドイツのハンブルクで行われる「ベビークラッペン」――これは親が公然と子どもを定められた箱に置き去りにできる――という特異な制度である。簡単にいえば、法的・社会的に親の「子捨て箱」への遺棄が認められているということで、これは、親子問題を考えるときには無視できない大変なケースといえる。

「子どもを捨てる」ということは、法的には遺棄罪に相当する。ところが、ハンブルク市では、公然と「子捨て箱」を行政的に認め、この箱への子捨てを明白に親に認めたのである。これは、通常考えられない。どのような論議があってこの「子捨て箱」制度が認められたのか。実は、日本でもこの制度はそれほど知られていないと思われる。まして、問題は親の子捨てを行政が公然と認めるという異例の重大ケースである。

2 「子捨て箱」設置の実情

この問題については、筒井千枝子さんが主催している親子法改正研究会（この研究会は、民法の親権の改正をめざし、勉強会を開いたり、市民活動をしている）の機関紙ともいうべき「ねこの目」に詳しく紹介されている（彼女は、この制度が朝日新聞に小さく報道されている記事を読んでショックを受け、多忙な中仕事を整理し、通訳をともない急遽ドイツのハンブルクに向かった。彼女の訪問先は、ハンブルク州政府、州の政策立案能力を持つシュティルニーパーク、そして、ベルリンのデアルドフリーデ病院である。彼女のこの報告は、床谷文雄教授（大阪大学）も、その論文「匿名出産とベビークラッペンBabyklappen」において引用しているほどで、学術的にも評価される(1)。同教授が引用した「Herbert Wiedermann, The Hamburg Emergency Campaign For the Prevention of child Abandonment A babyflap to save Lives」は、シュティルニーパークを現地訪問された筒井千枝子氏から提供を受けたものであり、記して感謝の意を表すと述べられている(2)。彼女は右の研究書の著者のハーバート・ウィーデマン氏に会って問題点を解明しようということが、訪独の主な目的であった。すなわち、彼女の調査活動が、日本におけるいわばパイオニア的研究といってよいと考えられる）。

まず、彼女の訪独のきっかけとなった朝日新聞（二〇〇〇年六月七日付）に、「出産した人が育てられない子どもは、社会全体で受け止めればよい」という、「子捨て箱」を設置した病院のスタッフの言葉が引用されていた。(3) 彼女はこの記事に激しいショックを受けたようで、「何と、子どもを捨ててもいいと言っている。社会が受け止めるから。これはドイツに行かなければならない」と、「ねこの目」（二〇〇一年七号）の冒頭に述べている。以下、彼女の調査記事から要約して引用する。①まず、ハンブルク州政府を訪ねた。迎えてくれたのは、職業教育・少年・福祉担当のドクター・ウィーデマン氏（これは、前述の床谷教授の（注）の文章に引用されている著書の著者である）である。もちろん、彼女が同氏から聴取したいことは、ハンブルクの行政府が、なぜ子どもの遺棄を認めるような政策を推進したのかである。子どもを置き去りにするための「箱」を、ハンブルクではBabyklappen（ベビークラッペン）と呼んでいるが、この箱導入の経緯とは、つぎのようなものであった。

一九五九年ハンブルクで四人の捨て子があり、そのうち二人が死亡した。社会福祉の進んでいるドイツにおいて、なぜ子どもが捨てられたのか、州政府は、社会福祉のゆき届いていない女性達がいるとして驚いて、調査を開始した。調査で浮かび上がったのは、麻薬常習者、不法滞在の外国人女性、ドメスティック・ヴァイオレンスの被害者、十代の若い女性、こうした人達が福祉政策の外にいて、子どもを遺棄せざるをえない苦境におかれていたという事実であった。遺棄の理由に「未婚」はない。彼女が、「婚外出産」を遺棄の理由と考えていたその思いは、肩すかしを喰らったような気になったと述べている。[4] 恐らく日本人には、彼女のような判断をする人が少なくないのではないか。ドイツでは、婚外子が該当者でないことは当然なのである。すなわち、一九九七年に「嫡出子」と「非嫡出子」の区別は撤廃され、婚内子と婚外子との同等化がすでに進められている。そして、いまやドイツでは、「三分の一」の子どもが「婚外出産」とまでいわれている。[5] このことは、婚姻法にも関わる重大事である。しかし、この問題はともかく、婚外子は社会福祉の対象とされ、ドイツでは遺棄につながる問題ではありえないということである。

こうして、ドイツでは、むしろ社会的に暗い存在でしかない不法滞在者などの子が、福祉から外れ遺棄されている。ベビークラッペンは、その緊急の救済ということである。

彼女は、このプロジェクトに関する、つぎの緊急アピールに注目した。それは、廃品回収の倉庫で赤ん坊が死んでいるのが発見されたことについて、ウィーデマン氏の書いたものである。そこには、「The baby died a slow and painful death smothered by heaps of paper」と書いてある。「死」の、緩慢な、しかも苦痛に満ちた時間というイメージがこの言葉にとらえられている。[6] 廃品と同じように捨てられ、社会から放任され誰にも知られない、長い苦痛のはてに赤ん坊はこの世から消えてしまう。彼女の「死」の評価に非常に印章深い言葉が記されている。「死」そのものは、否定も肯定も意味を持たない。「死」とは、「死」に直面している人間の孤独と絶望を、どういやすことができるかである。ゴミの山に捨てられて死んでいく赤ん坊の死、彼女は、しばし放心したと記述しているが[7]、そう表現するしかない彼女の心痛は私にも理解される。

ベビークラッペンは、ハンブルクの行政的対応の迅速な措置として生まれた。彼女は、これは、行政問題の複雑な要因を考えると、「本気でなければ出来ないこと」と評価する。なお詳しくは、「ベビークラッペン」は、二〇〇〇年四月にハンブルクの一民間団体によって始められ、そのシステムはまたたく間にドイツ各地に広がり、三年後には六〇カ所に設置された。ハンブルク市当局も、この悲惨な運命から赤ん坊を救うために、この市民団体をバックアップした、と床谷教授もその行政的対応をコメントしている[8]。同教授によれば、このシステムについては、捨てる場所があるから捨て子が増えるという批判も当然にあるし、思わぬ妊娠をした若い女性に対し安易な逃げ場を与えることになる。とくに障害児に対する養育放棄にもつながる、という批判もある。また、時には殺された赤ん坊が入れられたりすることもあると重要な批判を指摘される[9]。床谷教授によれば、「子捨て箱」を設置したシュテルニパルクという登録社団法人は、一九九〇年に設立された児童援助団体で、託児所や母子・妊婦の一時保護施設も運営している。ホームページ上の情報によると、この法人が設置したベビークラッペンには、二〇〇〇年には七人、二〇〇一年に七人、二〇〇二年には四人の子が託置され、そして、三分の一の子については母が後に名乗り出て、三人は家族に引き取られた。引き取りに際してどのようにして親子の確認をしているかは明らかではないが、施設側からは、引き取りにきた母親であるかのように偽装することはできない、見れば分かるというコメントが述べられている(10)。

3　ベビークラッペンと養子縁組

まず、子どもをベビークラッペンに置いて立ち去ると、母親は親権を放棄したとみなされ、子どもは里親の許に預けられる。もっとも、早まった判断を悔いて子どもを取り戻しに来る可能性を考え、八週間の猶予期間が設けられている（八週間の間、里親は「子捨て箱」の設置者側が用意する、あるいは託児所で預かる）(11)。この八週間の間に母親が名乗り出なかった場合に、出生登録をして、その後、養子縁組の手続が進められる。ちなみに、八週間というのは、新生児につき父母の養子縁組同意が可能となるまでの期間（ドイツ民法一七四七条二項）に相当する(12)。母親が名乗り出ず、養子縁組を希望する夫婦がある場合にその夫婦に預けられ、その新たに預けられた家族との間がうまくいくと一年後に養子縁組が成立する。筒井さんのレポートによると、一人の子どもに一五倍の養子縁組希望者がいるというから驚かされる。[13]

子どものアイデンティティーへの対応はどうされているか。ウィーデマンさんの担当する職業教育・少年・社会福祉の役所には、養子縁組の際の書類が保管されていて、それを閲覧に来る人がかなりいるという。そして、本人が来た場合には、実の親のことを知っても大丈夫かどうかを確認して見せることにしているという。たとえ、養親の下でどのように幸せに育ったとしても、アイディンティィーの問題はそれとは別個に存在し、個人の心の安定に深く係わっている問題であると、ウィーデマンさんは言っている、ということである。[14]

4 ベビークラッペンの設置と匿名出産

匿名出産とは、出産する女性（多くの場合婚外子であるが、それに限らない）が、自己の氏名を明らかにしないで出産することをいうが、それは、単に出産する場所を提供するのみでなく、母の氏名を明らかにしないままに出産した子を身元不明な母の子として出生登録をさせ、その母の探索をさせないものである。フランスがよく知られている。[15] 床谷教授の研究に明らかである（同教授によると、匿名出産はいわば慣行として――母親が自分の身元を隠して子を産み、生まれた子をひそかに孤児院や修道院に置き去りにする――ヨーロッパの中世（カトリック地域）には広く見られたようで、そのほとんどが婚外子であったと推察される。当時婚外子を持つことへの宗教的・社会的規制が強く、その事実が明らかになることは、出産した母親、その家族、さらにその相手の男性にも重大な汚名となる。そこでこれらの親たちを救い、また子の殺害を避けるための最後の手段として生み出される。その子は、建物の外壁に設けられた箱に入れられると、箱は回転して孤児院、修道院の中に運びこまれる。「回転箱」と名づけられた。一七八〇年ごろには、二五〇もの回転箱が設置されていたという。しかし、この慣行も親の無責任さの指摘もあって一九世紀後半には廃れ、これに代わって国家が身元不明の子の出産や遺棄された子の受け皿を設けることになった、ということである(16)）。

さて、ベビークラッペンの設置は、ドイツにも匿名出産法案（匿名出産を合法化する法案）を、二〇〇〇年一〇月に連邦議会に提出する段階を招いた。この法案は廃案となったが、二〇〇二年六月にドイツのバーデン・ビュルテンベルク州から連邦参議院に、新たな匿名出産法律案が提出された(17)。その事情は、ドイツでは年間四〇人から五〇人の子が捨て子で発見され、その半数のみが生存するにすぎない。そのほか、隠れた多数の捨て子や新生児殺害も当然に考えられる。ベビークラッペンがハンブルクで設置され連邦中に広がったが、なお不十分である。ベビークラッペンでは、匿名で出産が行われ、刑罰を受けることなく子どもが引き渡されているが、母親はなお密かに専門家の援助を受けないで出産せざるをえないものもある。そこで、公的病院において匿名で出産できるようにして子の生命を守ることが求められている、というのがその理由である。

5 私見

結論的にいって、ベビークラッペンの制度には、私は「人間の尊厳」の理念、また法の基本的立場から大きな疑問を持つ。それは、福祉の理念からも外れているといわざるをえない。とくに、市当局が行政的にこの制度にかかわることは、なおのこと、いかに福祉行政の名目のもとにしろ認められるべきではない。また、かりに行政がこの制度を創設したからといって、法的に遺棄が当然消えるのか、この点も私は疑問視せざるをえない。

確かに、子の出生には、親となる男女双方に人にはいえない種々の事情が考えられる。とくに、実際問題として婚外子の出生のケースがその典型的なものと考えられる。それにしても、子捨てを社会的に公然と認めるということは、「人の出生」の事実をあまりにも軽くみているといわざるをえまい。ハンブルクでは、その子と養子縁組したいという希望者が十数倍あるという報告である。育てられない事情があれば、市のこのようなケースの福祉担当者や、託児所に相談して里親に預けることが常識的に考えられよう。なにも自分の存在を隠して子を捨てる、という人まで保護する理由はないと考えられる。

匿名出産についても、同じことがいえよう。匿名出産とは、民法上は出産によって明らかになっているはずの母子関係を、公法上（身分登録法上、刑法上）あるいは社会法上では不明なものとして取扱い、それを法的に承認しようとするので、したがって、人の身分を偽って身分登録することを認めることになるのではという疑問は避けられない[18]。それに、「出生」で明らかな母子関係を偽ることは、「人間の尊厳」に反するといわざるをえまい。この匿名出産を認めることは、子の福祉、また母の保護という理念からも遠い。

「匿名出産」といえば、全く問題は異なるが、人工授精のＡＩＤにおいて精子提供者は匿名である、という問題がむしろ現代的である。今では日本中でＡＩＤで生まれた子どもは一万人を超えるといわれる。ＡＩＤで生まれた子ども達は「出自を知る権利」を訴える。日本でも二〇〇三年に厚生労働省の審議会が、子ども達が遺伝上の親を知る権利を認める報告書を出した。もっとも、まだ法案化にはいたっていない。

今回のベビークラッペンにしろ、若干触れた匿名出産にしろ、一部の女性が子どもを生みながら「母」の地位から消えようとする。子どもにとってこれ以上不幸なことはない。また、「出産」とはなにか、人権から根本的な疑問が提起されよう。一見して、「子どもを救う」福祉的意味が頭をよぎる。しかし、人間として、また「法」の目を通して、いずれも疑問が消えない。「福祉」とはなにか、前述したが、その根本理念もこの問題から考えさせられる。

(1) 床谷文雄「匿名出産とBabyklappen—生への制限と出自を知る権利—」阪大法学五三巻三・四号一七三頁以下。
(2) 床谷文雄・前掲論文(注)19前掲誌一九四頁。
(3) 親子法改正研究会通信　ねこの目七号一頁(二〇〇一年一〇月一〇日)。
(4) 親子法改正研究会・前掲誌一頁。
(5) 親子法改正研究会・前掲誌二頁。
(6) 親子法改正研究会・前掲誌二頁。
(7) 親子法改正研究会・前掲誌二頁。
(8) 床谷文雄・前掲論文　前掲誌一八二頁。
(9) 床谷文雄・前掲論文　前掲誌一八二頁。
(10) 床谷文雄・前掲論文(注)16　前掲誌一九三頁。
(11) 床谷文雄・前掲論文　前掲誌一八三頁。
(12) 床谷文雄・前掲論文　前掲誌一八三頁。

(13) 親子法改正研究会・前掲誌二頁。
(14) 親子法改正研究会・前掲誌四頁。
(15) 床谷文雄・前掲論文　前掲誌一七五頁以下。
(16) 床谷文雄・前掲論文　前掲誌一七六―一七七頁。
(17) 床谷文雄・前掲論文　前掲誌一八五頁　その事情がそこに具体的に述べられている。
(18) 床谷文雄・前掲論文　前掲誌一八七頁。

第五章

戸籍の非嫡出子差別記載

1　問題提起

現在の戸籍実務では、婚姻届をした夫婦の間に生まれた子の父母との続柄には、「長男」（女）と二男（女）と記載される。そして、婚姻届をしていない男女間に生まれた嫡出でない子は、「男」又は「女」と記載されるにとどまる。この嫡出でない子に関する戸籍上の続柄記載は、不当な差別を生み違法であるとして、事実婚の夫婦とその間の子から国を被告として訴訟が提起され、損害賠償などを求めた（平成一一年（ワ）二六一〇五号）。そして、平成一六年三月二日に東京地裁で判決が出た（後述）。

(1)　原告の請求趣旨

「戸籍の記載上、嫡出子かどうかが一目で分かる仕組みが、進学、就職、婚姻といった人生の節目で婚姻外に出生した子にとって、大きい差別を生む大きな原因の一つとなっている。このような戸籍上の区別記載はプライバシー権の侵害、そして、法の下の平等を保障する憲法に反する」として、この区別上の記載の差止めと国家賠償法等に基づく損害賠償を請求した。

(2)　被告・国の主張

これに対し国は、民法九〇〇条（四号但書）の想定に基づき、嫡出でない子の相続分は嫡出子の二分の一であるとして相続で嫡出子と嫡出でない子の差別がある以上、トラブルをさけるため、戸籍上において嫡出子かどうかを明確にする必要がある、というのである。

2　原告の法廷闘争

この訴訟の原告らは、事実婚を選んだ男・女と、その間に出生した子（女、一八歳）である。この男・女は、昭和六三年に住民票の世帯主との続柄欄の嫡出子を「長・二男（女）」、嫡出でない子を「子」とする区別記載の取消しを求めて東京地裁に提訴した。しかし、平成三年に訴えは棄却され、控訴した。ところが、これを機に旧自治省は平成七年に住民票の世帯主との続柄欄を「子」に統一する取扱いに改めた。そこで、同年控訴審の東京高裁は、「区別記載は違憲」としながらも、すでに「子」に統一されていることから控訴は棄却され、控訴人はさらに上告した。

そして、平成一一年、最高裁の上告棄却を受けた上告人（原告控訴人）らは、「戸籍が差別の根源である」との考えから、戸籍の区別記載の差し止めと損害賠償とを求めて提訴したのが本件ということである。

3 非嫡出子戸籍区別―プライバシー侵害認定―（東京地判平成一六・三・二）

この事件の経過は右に述べたが、本件の東京地裁の柴田寛之裁判長は、「続柄欄で嫡出子と非嫡出子を区別するのは、必要性の限度を超えプライバシー権を害している」と認めた。しかし賠償責任については、「これまで続柄欄の記載を違法とする判例がなく、国や区に注意義務違反があったとはいえない」として棄却した。夫婦側は、区別記載が法の下の平等を保障した憲法に反すると主張したが、判決は憲法判断には踏み込まなかった。原告側は控訴する方針という。

なお、新聞報道によると、「戸籍の続柄　嫡出子区別を撤廃」「法務省　年内にも規則改正」とする（平成一六・三・九読売新聞夕刊）。その報道によると、現行の施行規則では、嫡出子は戸籍の続柄欄に「長男」、「長女」などと記載されるのに対し、事実婚など法律上の結婚をしていない両親の子供（非嫡出子）は「男」、「女」と記載されることになっている。非嫡出子を巡っては、これまでにも、就職、結婚などで不利な扱いを受けるなどの問題が社会的に指摘され、しかも、国連の人権関連の委員会も、日本政府にその是正を勧告していたということもある。具体的には、規則の改正により、非嫡出子についても、「長男」、「長女」などと記載する方向だという。当時の野沢法務大臣は会見で「子どもたちに差別があってはならない。与野党各派の意見も伺いながら、年内をめどに改正したい」と述べた。ただし、非嫡出子の法定相続分を嫡出子の二分の一と定めている民法の規定については、野沢法務大臣は当面の見直しに消極的な姿勢を示した（前掲読売新聞夕刊）。

なお、この事件の原告は、改正後の続柄の表記法に心配があるという。法務省は、「長男」、「長女」という嫡出子の記載に非嫡出子も合わせる方向で検討している。しかし、「親にとって何番目の子かを明記する表記は、古い家制度の名残。嫡出子も非嫡出子も「男」、「女」という性別のみの表記に統一して欲しい」と希望する。原告弁護団の榊原富士子弁護士も、「区別記載がなくなるとは一歩前進といえる」と歓迎しつつも、「生まれ順位を記載しなければならない法的根拠はない。判決を尊重するなら、性別だけの表記にするべきだ」とし「近く高裁に控訴するとともに、続柄欄に性別のみの表記にするよう法務省に求めるつもりだ」と語る。円議員も「婚外子差別の撤廃は国際的な流れで、法相答弁は評価したい。ただ、戸籍の続柄表記は『子』でいいのではないか。離婚や再婚で様々な家族の増える中、『長男』、『長女』とすると混乱を招き、また改正しなければならなくなる」と問題点を指摘しつつ「子」の統一の続柄表記に同意する（朝日新聞平成一六・三・一二）。

4　新聞論説評価

多くの新聞は、法務省の戸籍法施行規則の改正を評価する。その中から若干を紹介しよう。すでに住民票については、九五年三月から実子・養子・嫡出子・婚外子を問わず、「子」に統一して表記するよう通達が出されている。戸籍の記載方法がなかなか改善されなかったのは、記載方法やプライバシー保護の問題よりもずっと根が深い、婚外子差別の考え方や制度があるからだ。「正当な結婚を尊重することと、婚外子を差別することは、イコールでないはずだ。現在、生まれてくる子どもの一―二%が戸籍上の非嫡出子になっている。親側の事情として、自分の意思で事実婚を選んだ人もいれば、そうせざるをえなかった人もいる。肝心なのは、一人ひとりがかけがえのない存在である子どもを、出生時の事情で社会が差別しないことだ。……戸籍の記載方法を変えるという小手先の対応では、差別は改善されない。民法改正の論議に踏み込むべきである」（神戸新聞平成一六・三・一四社説）。また、「……嫡出子と非嫡出子を戸籍の続柄で区別記載する合理的理由はない。続柄欄がなくても、戸籍の身分事項欄を読めば嫡出、非嫡出の区別は分かるからだ。……戦後、家制度は廃止されたが、戸籍記載は抜本的な見直しはなされなかった。時代とともに家族形態は大きく変わり、事実婚も増えている。女性が法律婚にとらわれず自由に子を産める社会が望ましい。戦前の戸籍を踏襲した続柄記載にこだわる理由はなくなっている。婚外子の戸籍区別記載の撤廃については、社会的合意が形成されつつあるといってよい。政府、国会は判決を真正面から受け止め、民法や戸籍法の改正に早急に着手すべきだ」（毎日新聞平成一六・三・四社説）。

また、朝日新聞の社説は、「婚外子差別はやめよう」の見出しで解説する。

その要旨は、「判決は婚外子への差別の実態を指摘したうえで、差別を助長する今の戸籍は合理性がないと断じた。……それにしても、どうしてこんな制度がいまだに残っているのか。大きな理由は『非嫡出子の相続分は嫡出子の半分』という民法の規定にある。明治時代につくられ、戦後も残されて、相続で嫡出子と非嫡出子に差をつけている以上、トラブルを防ぐために、戸籍で嫡出子か否かをはっきりさせる必要がある。それが法務省の説明だ。……日本も批准した子どもの権利条約は、出生によるいかなる差別もしてはならないと定めている。法務省もこの流れを取り込んだ民法改正試案を七〇年代後半にまとめたことがある。八年前にも国会提出を試みたが、挫折した。『正しい結婚』、『正しい家庭』を守るには嫡出・

非嫡出の区別が必要とする自民党からの激しい抵抗に遭ったためだ。……あるべき結婚や家庭像については様々な意見があろうが、生まれる子どもの権利の平等もまた社会の大切な土台である。今のような差別は終わりにしてよいのではないか」（朝日新聞平成一六・三・七社説）。

つぎに、読売新聞の解説部の永峰好美氏の解説に注目しよう。この解説も右の各紙のそれと大差ないが、外国法の動向を紹介していることが注目される。「……世界に目を転じると、欧米各国では、一九六〇年代後半から、非嫡出子を差別してきた法律を改正・撤廃する動きが相次いだ。英独やスウェーデンでは、すでに嫡出・非嫡出の概念がなく、両者は平等に扱われている。フランスでも、二〇〇〇年の欧州人権裁判所の勧告を受け、相続の格差がなくなった。法の後押しを受けて、スウェーデンやデンマークでは出産の約半分が婚外出生で、英仏も三〇％を超えている。これらの国では、婚外出生率の上昇が、全体の出生率を押しあげているといわれる。未婚の母や、婚姻という形にこだわらない夫婦が増え、家族のあり方が多様化する中、嫡出子と非嫡出子を区別する合理性は急速に失われつつある」と論ずる。

また、朝日新聞の社会部井田香奈子氏は、「婚外子の戸籍表記見直し」「民法改正議論の契機に」と題して論ずる。「……夏に省令を改めるが、新表記は『長男』型になるという。戦前の家制度に基づく旧戸籍法から引き継いだこの表記法自体、見直しを求める声がある。跡継ぎの意識が根深く残るし、少子化時代にあえて意味がないという指摘はもっともだ。法務省は、戸籍上すべてを『男』、『女』に切り替える作業量を考えると、多数を占める嫡出子の表記に合わせるしかないという。……人口動態調査によると、婚外子の割合は二〇〇二年で一・九％、『事実婚』も『シングルマザー』も言葉として定着しており、婚外子は決して例外的な存在ではない。……家族のありようを、『お上』がつくる枠にはめこもうとすることの無理と、根底にある市民観の貧困を感じずにはいられない。九〇〇条が変更されようと、嫡出子に多めに財産を残したい人はその旨を遺言に残しておけば、意思は尊重される。夫婦別姓制度も何もそれを強制しようというのではなく、選択肢を用意するだけの話だ。自立した個人が、それぞれの価値観に基づいて判断し、行動すればいいではないか……」と、大要以上のように述べている（朝日新聞平成一六・三・二九）。

こうして、婚外子の戸籍表記見直し改正は、嫡出子・非嫡出子平等のかねての諸問題に関する民法改正論へという視点が、各メディア共通の論理展開をみせている。こうした中にあって、八木秀次氏（高崎経済大助教授）は、産経新聞『正論』において、「問題多い非嫡出子「差別」の撤廃」と異色のレポートを発表した。その論点を要約しよう。

①第一に、戸籍表記にかかわる東京地裁の三月二日の判決に対して、「私は、この判決と過剰ともいえる法務省の対応によって、嫡出子と非嫡出子との間に全く区別を設けないとい

う流れが作られることを憂慮する。法相も同月八日、『差別しないのが世界的潮流だ。民法が非常に苦しくなっており、今後、国民世論の動向を見極めながら検討を進めなくてはならない』と現行民法を見直す必要性を示唆している。②この裁判の原告は、夫婦別姓にするために事実婚を選んだ男女間に生まれ、父が認知したというケース。この場合、自分の信念で事実婚を選択し、あえて非嫡出子をもうけたのであるから、その戸籍の続柄の記載を『プライバシー侵害』というのは事実誤認も甚だしい。③『婚外子差別の全廃』を叫ぶ人びとはこの規定を改め、法定相続分の同等を主張する。その根拠は、『生まれた子どもに責任はない』というのである。しかし、この問題を『子どもの人権』の問題に矮小化してはならない。何故このような差別規定が設けられたのか、『婚外子差別の撤廃』を叫ぶ人びとは、現行規定（九〇〇条四号但書）を家制度の残滓と批判する。現行民法制度（戦前の民法改正）当時も、今日と同じように嫡出子と非嫡出子の法定相続分の平等の主張があった。しかしそれでは妾制度が復活し、妻の地位が脅かされると婦人議員たちは反対した。婦人議員は非嫡出子の相続分はゼロにすべきだと主張した。(*) そして、結局、現行の規定は、彼女たちの言う『女性の権利』に配慮した発想と、非嫡出子の利益を保障すべきだという『子どもの権利』に配慮した発想の、両者のバランスを図ったものとなった。このことは、平成七年七月五日の最高裁大法廷判決でも『法律婚の尊重と非嫡出子の保護の調整を図ったものである』として確認されている。④嫡出子―非嫡出子の区別撤廃は、結局は、法律婚とそれ以外の男女の結び付きとを区別しないという主張に行き着く。これは一夫一婦制の解体であり、婚姻制度や家族制度の解体に他ならない。関係者は以上の趣旨を理解し、慎重に対応されたい」。

以上が、八木氏の主張の要旨である。

さて、右の八木氏の見解は、数十年前の昭和二二年の民法改正当時の論議そのものを反映しているにすぎず、現代的にはとうてい支持できるものではない。非嫡出子の問題にしても、妾の子というより、事実婚の子が社会的にその法的地位が問われているのである。

私は、かねてから事実婚の子どもの戸籍については、「その夫婦が事実婚である」との証人二人も戸籍係に出頭し、その「証明」を提出することによって、その子の父の戸籍に「嫡出子」として届けることが認められてよいのではないか、という見解を考えていた。これは準婚理論の子どもの地位への適用という見地からである。もっとも、これは立法論の一試論にすぎない。しかし、あえてここに問題提起したいと考える。一口に「事実婚」といっても、その態様は複雑である。「証人二人」といってもはたして真の証人なのか、この点からいえば、家裁の「確認証」が最も妥当といえる。しかし、現行の家事審判法には、確認・確認機関などの規定はない。またその立法の目的意識もないといってよいと思われる。しかし、子のある夫婦の協議離婚の子の視点からの確認など、当事者間の協議事項の公正を確保する意味では、家裁の確認は重要な意味を持つと考えられる。この点も一言付記したい。

5 戸籍法施行規則の改正

新聞報道によると、法務省は平成一六年一〇月二八日、非嫡出子の続柄を嫡出子と同様にすべく、戸籍法施行規則を一一月一日に改正すると発表した（現にこの改正は一一月一日に実現している）。改正後に出生した非嫡出子は、嫡出子と同様に「長男」、「二女」などとする。また、過去の記載に関しては、①本人が一五歳未満の場合は親権者、②一五歳以上の場合は本人または本人と同じ戸籍に入っている母親――の申し出で嫡出子と同じ記載に改めることができる。

記載を改めると、戸籍に訂正跡が残るが、申し出があれば訂正跡も残らないよう戸籍を新しくすることもできる。

（＊）引用した産経新聞に付けられていた（注）『婚差会つうしん』九一号（二〇〇四年五月一五日号）による。

第六章

嫡出子と非嫡出子の相続分の差別

1　問題の性格

「嫡出子と非嫡出子の相続分の差別」（民法九〇〇条四号ただし書）という、この問題の性格は、本来子の人権尊重を基本理念として論議されるべきであるのに、論議の視点はむしろ一夫一婦の夫婦の地位との視点において論議されてきた。日本においては、両性平等の一夫一婦制が確立されたのは、戦後の民法改正（昭和二二年）以降のことである。この論議の傾向は止むを得ないのかもしれない。見方によっては、他の先進国にはない、日本特有の非嫡出子の平等実現の困難な問題である、ということかもしれない。いいかえれば、一夫一婦の近代的夫婦像が確立し、そして社会的定着があってこそ、嫡出子・非嫡出子の平等の地位が現実的に出現する。そうリアルに思わせられる日本特有の問題の根深さが印象的である。もっとも、嫡出子・非嫡出子の相続分の平等の立法論は、すでに昭和二二年の民法改正時において展開されていた。実際にこの平等案は、当時の司法法制審議会第二小委員会において審議され、結局九対三で否決された、という事実がある。当時の審議の回顧の談話として、中川（善）先生は、「婦人委員はほとんど全部私生子の相続分を引き上げるという別案に反対し、配偶者の相続分の引き上げには全部賛成した。私生子の相続分の引き上げにこぞって反対されたのは遺憾である。私生子の母親が女であることももう少しお考えになって欲しい……」と述べられた（私は、当時東北大の特別研究生であったが、研究室において先生の同旨の説話を直接拝聴したことが、いまなお記憶に鮮明にある）。また、我妻栄先生も、「女として考えないで、本妻として考えているのだろう」と、問題の性格をずばり指摘されておられた。(1)

こうして、嫡出子・非嫡出子の相続分の平等問題は、すでに約半世紀前の昭和二二年の民法改正時から論議され、右に述べたように、当時の指導的な民法改正委員は積極的に平等の実現を指向していた。その後、昭和五五年の民法改正に際し、法務省は嫡出子・非嫡出子の相続分の平等案を公表したが、世論調査では改正反対が四八％と、賛成意見を三倍も上回る、というデータのもとに、改正はなお時期尚早として見送られてしまった、という経緯もある。なお、欧米のほとんどの国においては、「平等」の法改正がなされている。たとえば、当時の西ドイツは一九六九年法、スウェーデンは一九六九年法、イギリスは一九六九年法、フランスは一九七二年法などである。(2) また、アメリカでも、一九七七年四月二六日連邦最高裁判所は、非嫡出子について父の相続を否定していたイリノイ州相続法を違憲と判断した。(3)

学説では、代表的な学説として、たとえば、星野教授は、「相続分が問題で、配偶者が生存している場合にその扶養との関係、および配偶者が嫡出子（正規の婚姻による自分の子）と非嫡出子（いわば妾の子）とを平等に扱うことに対する強い反情を不合理といって片づけられるかが、ぎりぎりの論点であろう」と述べられ、(4)また泉教授は、「……生まれ出ずる非嫡出子には何の罪もない、とよくいわれる。しかし、父に嫡正家族がある限り、その嫡正家族にも罪はない……非嫡出子保護立法がどのような形をとるかは、当該社会の歴史的事情およびその家族観に大きく左右されることも忘れるわけにはいかない。……嫡出家族が家族協同関係を基礎としてその上に成りたっているのに、非嫡出子にはそのような基礎がないことを考えると、非嫡出子を相続法上嫡出子と全く等しく扱ってよいかどうか、疑問が残る……」と述べられる。(5)私見は後述するが、ここでは、泉教授の右の見解に深い関心をもつことを、ここで一言しておきたい。

2　近年の判例の動向

判例の動向は、近年のものがとくに注目される。まず、平成三年三月二九日の東京高裁決定は「……法定相続分をいかに定めるかはその国の立法政策の問題であって、民法九〇〇条四号但書の規定をもって憲法に違反するということはできず……」とした。すなわち相続差別を合憲とした。この合憲の立場をとったものに、同じく平成三年五月二三日の東京地裁の判決がある。しかし、その後の判例の傾向としては、民法の相続分の差別を違憲とするものが顕著である。

すなわち、平成五年六月二三日の東京高裁決定がまず注目される。その基本的論点はつぎの諸点にある。①九〇〇条四号ただし書の立法目的は、正当なる婚姻を尊重奨励することにあるが、その実質はいわゆる「妾の子」に対して「妻の子」の利益を保護することにより、結果的に法律婚を尊重しようとの旧家族制度に由来する沿革的思想にほかならない。②憲法二四条の趣旨から適法な婚姻に基づく家族関係の保護は当然であるが、嫡出子と非嫡出子の相続分の同等を認めても配偶者の相続分はなんらの影響がない。③非嫡出子の「個人の尊厳」も適法な婚姻の保護の尊重と同様に保護されなければならず、後者の犠牲の下で前者の保護の立法は極力回避されるべきである。④近時、諸外国における非嫡出子の権利の平等化の立法動向、国際連合による「市民的及び政治的権利に関する国際規約二四条一項の規定の精神、児童の権利に関する条約二条二項の精神などにかんがみれば、適法な婚姻に基づく家族関係の保護という理念と、非嫡出子の個人の尊厳の理念とは、両立する形で問題の解決が図られなければならない。⑤非嫡出子からみると、父母が適法な婚姻関係にあるかは全く偶然のことにすぎず、自己の意思や努力によってはいかんともし難い不利益な取り扱いを受ける結果になる。それは、たとえていえば、正に『親の因果が子に報い』式の仕打ちであり、人は自己の非行のみにより罰または不利益を受けるという近代法の基本原則にも背反していることが見逃されてはならない」。以上が判旨の基本事項の要旨である。その後、同趣旨の違憲の判決は、東京高裁の平成六年一一月三〇日にもなされ、さらに、横浜家庭裁判所川崎支部の審判でも、同じく違憲の審判がなされている。右の二つの判例でも、「出生による差別は、本人の意思や努力によってはいかんともし難い事由による差別である」と強調されていることが注目され、違憲論の核心となっていることが明らかである。

こうして、嫡出子・非嫡出子の相続差別の民法規定は、憲法違反であるとの判断が、近年の判例の傾向を示してきたと印象づけられる。世論を代表する意味でマスコミに注目すると、おおむね違憲論を支持しているとみてよい。たとえば、平成五年の東京高裁の違憲の判決については、「時代の流れに沿った今回の決定は……出るべくして出た司法的判断である」と評価する朝日新聞の論説がある。また、同じ朝日新聞の平成七年一月六日の論説は、「……どんな男女の結びつきだろうと、子供には責任はない。その点は相続の格差は、確かに差別に当たる。しかし、嫡出子が被相続人と生活をともにしていた例がほとんどであることを考えれば、簡単に割り切れない面もある。……昨年秋に発表された総理府の世論調査では、『現在の制度を変える必要なし』が約半数を占め、『格差をなくすのに賛成』を大きく上回った。最高裁大法廷は相続格差についての憲法判断を今年中にも示す見通しだ。法制審の結論も今年から来年にかけてまとまる。個人の生き方を認めつつ、子供が心身ともに育つ環境をどう作っていくか。それを法的にどう保護していくか。非嫡出子の差別は、こうした視点から考えていきたい」と提言している。問題の本質をとらえた注目すべき発言といえる。

そして、ついに最高裁大法廷の判決が出た。右に述べた近年の判例の動向からみると、非嫡出子相続の格差規定を「合憲」と判断したこの最高裁の判例は、恐らく社会の一般的予想に反するものであったのではないか。実は、筆者の私も「予想に反する判決」という印象を否定できない。もちろん、最高裁も問題の性格上慎重な手続を進めた。平成六年一二月一四日、その審議を第二小法廷から大法廷に移したこと(その一つは、非嫡出子の父親を一九六三年に亡くした女性と——今回最高裁判決が出た——、他は自ら非嫡出子の兵庫県内の男性である)、それに、最高裁大法廷ではまさに初の口頭弁論が平成七年六月七日になされた。新聞報道によると口頭弁論の主な論点は、一つは、女性の社会進出など社会構造の変化により、「婚姻の尊重」という民法の立法目的の意義は著しく低下した。法律婚をしない不利益を、何の罪もない子どもに負わせるのは正当性を欠く。第二点は、民法の規定は憲法上十分に保障されるべき平等権を侵しており、立法府の合理的裁量の範囲を逸脱していると主張。裁判所の違憲判断により効力を否定すべきであると主張した。そして、第三点は、平成六年七月に法務省が発表した民法改正要綱試案に再び非嫡出子と嫡出子の相続分の平等化を盛りこんだこと。

九三年（平成五年）から平成七年にかけて、東京高裁、横浜家裁川崎支部で三件の違憲判決、決定が出ていること。国際人権規約B規約、子どもの権利条約にも違反すること。諸外国でも差別解消が進んでいることなどをも主張した。

そして、平成七年七月六日の最高裁大法廷の判決の決定を迎えた。繰り返し述べるように、非嫡出子相続格差合憲の決定である（一五裁判官のうち五人が違憲の反対意見を述べた）。注目される合憲の論点は、つぎのとおりである。①第一に、合理的な理由があれば、「差別」も許されるとした。その基礎的論点（要旨）は、第一に、相続制度をどう定めるかは、国の伝統や社会事情、国民感情などを考慮する。それに婚姻や親子関係の規律なども踏まえる必要がある。すなわち、立法府の合理的な裁量判断にゆだねられる。第二に、本件規定を含む法定相続分の規定は、遺言などがない場合に補充的に機能するにすぎない。このことを考慮すると、「立法理由に合理的な根拠があり、区別の内容が立法理由との関係から見て著しく不合理でない限り違憲といえない」と判断した。②第二に、嫡出子の尊重と非嫡出子保護の調整を図った。その基礎的論点は、第一に、民法は戸籍上の届出により婚姻が成立する法律婚主義を採用した結果として、嫡出子と非嫡出子の区別が生じ、親子関係の成立について異なった規律が行われることも止むを得ない。第二に、相続差別規定の立法理由については、「法律上の配偶者との間に生まれた嫡出子の立場を尊重するとともに、非嫡出子に嫡出子の二分の一の法定相続分を認めることにより、非嫡出子を保護しようとした」もので、「法律婚の尊重と非嫡出子の保護の調整を図った」ものと解されるとした。

こうして、右の基礎的論点を根拠として、民法九〇〇条四号ただし書の規定の立法理由に合理的根拠があり、憲法違反の差別とはいえない、と結論づけたのである。しかし、一五名の裁判官のうち一〇名が合憲説をとったものの、その中でも現在の社会の中で相続差別の維持の合理性に疑問を示している裁判官が四人いたことも注目される（補足意見で二人が法改正を求め、他の二人の裁判官は現行規定の合理性に疑問を呈している）。したがって、この件の一五名の最高裁判事の判断について、九対六で相続分差別規定の見直しの必要性を認めているとみられ、すなわち、この立場の裁判官が多数派とも受けとれることになる。

見方によっては、右のように判旨として「すっきりしない」複雑な理論構造にならざるを得ないところに、この問題の現状でのリアルな実像がある、ということかもしれない。

なお、もう一件大法廷に係属しているが、同じ判断がなされるものとみられる。

この最高裁（大法廷）の決定をどう評価すべきか、代表的なマスコミの論調に注目しよう。たとえば、朝日新聞の論説（社会部・井手雅春）は、「立法での是正必要」の見出しで、要するに、「今回の大法廷決定が『合憲』の結論だけで読まれ、法務省を中心に進めている相続差別の解消などを盛り込んだ民法改正作業にマイナスをもたらすことのないよう望みたい」と提言する。そして、この提言の根拠については、とくに近年の家族のあり方をめぐる社会事情、国際情勢の大きな変化に注目する。すなわち、「日本も批准している国際人権規約B規約は、出生による差別を禁じており、国連規約人権委員会からは、九三年、法律から非嫡出子に関する差別的な規定を除外するよう勧告を受けている。それに、西欧諸国も非嫡出子の増加を受けて六〇～七〇年代にかけて次々と平等に踏み切った」、という事実を具体的に述べる（朝日新聞平成七年七月七日記事）。また、毎日新聞の社説は、「残念な最高裁の消極主義」の見出しのもとで同趣旨の論説を述べる。それでもこの社説では、最高裁の判旨において、『二分の一』の規定は合理的理由のない差別とは言えず……やむをえない」「立法趣旨は、非嫡出子を保護するためのものである」と述べている点について、「この判断が果たして説得力をもつといえるか、法律婚の重視から個人の尊厳への配慮を欠いた決定といわざるをえない」、と鋭い疑問を提起していることがとくに注目される（毎日新聞平成七年七月七日社説）。恐らくマスコミの見解は、右の主張と同じとみてよいのではないか。少なくとも、今回の最高裁の決定は、現代の時流に反したものとの評価は一般的に免がれないのではないか。私もそう推察せざるを得ない。とくに、今回の最高裁の決定の判旨の中で、「相続制度を定めるに当たっては、それぞれの国の伝統……を考慮しなければならない」とあるが―この見解が今回の決定の有力な基礎と思われる―、この一節の現代的意味について、とくに私には理解できない。

3　日本ではなぜ子の平等が実現できないのか

周知のように、「子どもの権利条約」も差別を禁止し（二条）、日本もこの条約を批准している。しかし国際社会では、さらに「合理的な差別は存在しない」、差別の禁止は絶対的な原則であるとまで高められている（二〇〇一年八月、社会権規約人権委員会）。これに対し、日本政府は国連で婚外子の相続分の違いや登録上の分離は、正当な婚姻関係の保護という見地から定められた合理的差異であって、それは家族の保護に因るもので、条約には抵触しない。また、国民は現行制度を支持している（一九九三年一〇月、自由権規約人権委員会）と答弁し、婚外子差別を正当化した。しかし、これまで日本政府は実に六回にわたって、国際条約を遵守し、婚外子差別を容認する法律の改正をなくすようにとの勧告を受けている(6)。文化国家を自認する日本の法律において、これほど国際社会から批判されながら、婚外子差別を変えようとしない。なぜ法律婚が正当な婚姻なのか。一口でいえば、婚姻届出を法的に正当な婚姻と権威化し、いわば国が婚姻を統制しているとみられよう。その背景には旧法の戸籍＝「イエ」の残映が生きていると考えられる。近代法では法的・社会的にも主体であるべき個人が「イエ」の仕組みに合う生き方を強いられることはありえない。しかし、いまなお現実には一枚の「戸籍」が男女関係を支配し、差別する。

「戸籍」とはなにかを、改めて近代法の視点から解明し、社会の意識を変えない限り、差別撤廃の立法は望めない。

(1) 戸籍は個籍である

「イエ」の性格を近代法として戸籍から取り除けば、「戸籍」とはまさに人の出生、移動・婚姻の個人の存在を登録する個籍でしかない。戸籍＝個籍であれば、夫婦が婚姻しても、婚姻前と同じくそのまま別氏制が認められ、かつ戸籍に婚姻を届出する法律婚、また届出しない事実婚も自由であり、かつその効力に変わりはない。それでこそ、民法が届出を婚姻の形式要件としたこと（七三九条）、憲法が婚姻を「両性の合意のみによって成立する」と規定したことと（憲二四条）も、その法意が生きると考えられる。

(2) 事実婚の出現

日本でも一九九〇年頃から事実婚が社会的に目だちはじめた。その目的は、夫婦別氏姓の実践にある。婚姻してなぜ夫の氏に変わらなければならないのか。両性平等の婚姻からの当然の疑問である。すなわち事実婚は法律婚を否定する意味を持つ。二宮教授の事実婚者に対するアンケートによると、①夫婦別姓のため、②お互いの自覚による結合の重視、③伝統的な夫婦の役割分業の否定――届け出すれば夫の嫁としてこの役割を期待され、家制度の「ワク」組みに入る、④届け出という法律婚の強制、戸籍制度に対する批判、男女差別や子どもの差別への批判がある、などの理由があげられる。(7)「事実婚」とは、本来当事者の自由な合意による婚姻成立で、籍を入れて家族形態をとることを国家に承認してもらうことではない、という意味をもつとも考えられる。

欧米でも、一九八〇年代にすでに法律婚に意味を見出せず、事実婚を選ぶカップルが増えているという。たとえば、スウェーデンでは、八五年の推計で、二〇代後半の女性の三〇・四%、男性の三一・〇%が事実婚といわれる。(8)未婚の男女の交際に厳しいイスラム世界のエジプトでも、若者たちの間で本人同士が誓約書を交わし、友人を証人として行う「オルフィ(非公式)婚」が広がっている。「欧米流広がる『事実婚』」の見出しで新聞報道された(朝日新聞平成一七・四・一六)。日本では視点は違うが――少子化対策として―婚姻の規制緩和が有効ではないか、というリポートが大和総研から発表された。「北欧や英仏では婚姻の試行期間としての事実婚、その間に生まれる婚外子が一般化しており、婚姻形質の多様化と歩調を合わせ、出生率の低下に歯止めがかかったと指摘している。反面、日本では事実婚や婚外子が戸籍や相続、それに税制などで不利に扱われる。『規制』の緩和を進め社会が受け入れるようになれば、今より気楽に結婚に踏み切り、結果的に出生率も回復する」、という提言である（日本経済新聞平成一七・六・五）。これは、少子化対策として、婚外子の不利を克服していこうという趣旨で、いかにも現代的提言で興味深い。しかし、この提言は、いかにも苦肉の見解でしかない。

また、最近の判例として、遺族年金の受給権訴訟において、最高裁（泉徳治裁判長）が内縁の妻に受給権を認め、内縁の妻勝訴確実のケース（最高判平成一七・四・二一）が注目される。このケースは、共済制度に加入していた男性が死亡した場合、同居していた内縁の妻と、別居中の戸籍上の妻のどちらが遺族共済年金を受給する権利があるかが争われた訴訟の上告審である。最高裁の判旨によれば、「男性と戸籍上の妻との婚姻関係は実体を失って形骸化しており、内縁の妻は事実上婚姻関係と同様の事情にあった。」と述べた。判決理由で、男性と戸籍上の妻は①長期間別居していた、②生活費の負担など扶養・被扶養関係がなかった、③婚姻関係を修復する努力をしていなかったなどが婚姻関係の形骸化の認定の根拠とされた。他方、内妻については「夫婦同然の生活をしながら男性の出入で生計を維持していたうえ、男性が死亡するまで看護し続けた」という認定事情があった。判決によると、大学教員だった男性は一九五六年に妻と結婚したが、一九七八年ごろから別居。一方、内縁の妻は一九八四年ごろから男性と同居し、二〇〇一年に男性が死亡するまで生計を共にした。内縁の妻は同年二月、遺族年金の支給を請求したが、同事業団は同年一〇月に不支給の裁定をし、戸籍上の妻に支給した。最高裁は、共済事業団の「内縁の妻には支給しない」とした裁定を取り消した一・二審判決を支持し、事業団側の上告を棄却した。なお、この最高裁の判事の中で、横尾和子裁判官は「男性は別居後も、対外的に戸籍上の妻を妻として取り扱ったといえるから、戸籍上の妻との婚姻関係は形骸化していたとはいえない」とする反対意見を述べた（判決は裁判官五人のうち四人の多数意見であった――日本経済新聞平成一七・四・二一夕刊）。私見もこの判旨を支持する。とくに、事実婚の法的視点の一歩進展という意味で、私は高くこの判決を評価したい。この判決の背景には、未婚別姓など事実婚の社会的進展の現代の婚姻風潮も影響したのではないかと考えられる。日本の法律婚絶対の時代では、少数意見の横尾判事の判旨がそのまま最高判とされたのではなかろうか。

なお、私は現行法の立場でも、「事実婚は法理的に有効である」、と提言したい。すなわち、婚姻について憲法二四条は「両性の合意のみによって成立する」と規定し、婚姻届出は民法上の形式要件にすぎない（七三九条）。さすがに、民法立法者も「届出」を絶対的要件と定めえなかった。絶対要件とすれば、届出のない婚姻は無効とされ、社会的に混乱を招く。形式要件であるからこそ、その違反の「内縁」について、いわゆる準婚理論が形成された。すなわち、ここにいう「事実婚」と「内縁」とは性格的に全く異質と解すべきであることを一言付記しておきたい。

(3) 婚外子と非嫡出子

「婚外子」と「非嫡出子」の用語は、法的に法律婚した父母以外の男女関係から生まれた子を意味し、両者の意味は変わらない。ただ、「婚外子」は法律用語ではなく、社会的に使われる用語という違いがある、と一般に理解されている。しかし、私はそうは解さない。「非嫡出子」の意味は、両親が法律婚以外の子（事実婚、妾の子など）をいう。これに対して、婚外子とは、事実婚の子も婚姻の子と解する場合をとると私は解している。すなわち、両者は法的に同一の意味を持つものではない。

したがって、事実婚の子も父の戸籍に出生届出される（この点が妾の子が母の戸籍に出生届を出すのとは異なる）。もっとも、夫婦別姓であれば、子の出生届も夫婦の協議により母の戸籍届出でもよい。そもそも、内縁の準婚理論でも、子の問題については法理の歩みは全くなく、内縁の子も母の戸籍への出生届出にとどまっていた。これからは前述のように戸籍＝個籍という見解が法理的にも固まること、それにともない事実婚を法理的に認めることが、子の平等論の第一歩というべく、この見解が社会的に定着していくことが望ましい。

なお、平成一五年三月三一日の最高判（島田仁郎裁判長）は「非嫡出子の相続格差」を合憲とし、上告を棄却した。その判例は一九九五年（平成七年）の最高判大法廷判例を踏襲したものである（もっとも、五人の裁判官中二人の裁判官が「違憲」とする反対意見を述べた）。訴訟では、死亡した男性の預金計約五、九〇〇万円から妻の相続分を除いた約二、九〇〇万円について、嫡出子二人と非嫡出子二人の間でどう配分するかが争われていた。反対意見の梶谷玄、滝井繁男の二裁判官は、「家族関係や相続をめぐる社会状況の変化は著しく、規定を合憲とした九五年の大法廷決定以降は、嫡出子と非嫡出子の区別をなくすことを求める方向に進んでいることは明らかだ」と述べた。具体的には、法制審議会が一九九六年、改正の方向を盛り込んだ法律案改正要綱を答申したことなどを挙げている。

また、同様の訴訟で二八日、合憲判断を示した判決（北川弘治裁判長）でも、二人が「違憲」とする反対意見を述べ、相次いで判断が割れたことが注目される。なお、三一日の前者の判決の中で裁判官一人が補足意見として「極めて違憲の疑いが濃い」とも述べている（日本経済新聞平成一五・三・三一）。

このようにいぜん嫡出・非嫡出子の相続格差の克服は、判例上難問である、という印象は避けられない。

4 遺産分割上の私見

私見は嫡出子・非嫡出子の相続平等の立場から、以下具体的にコメントしたい。

本来、遺産の性格を分析すると、父(被相続人)固有の遺産と、名義は父のものでも、やはり広義での家族的視線から分析すべき遺産とに分けて、リアルにこの相続問題が解明されるべきではないか、私見はこの問題認識から始まる。

(i) **父の固有の財産の相続** 遺産の中では、当然父(被相続人)固有の財産がある。父固有の財産とは、たとえば、その財産形成に妻や嫡出子の協力もない財産=親から相続した財産とか、父の「へそくり財産」などが考えられる。この種の財産の分割であれば、嫡出子も父の認知した非嫡出子も、当然に分割は平等になされるべきである。嫡出子であれ、非嫡出子であれ、この種の遺産については、法的に単純に「父」と「子」の関係から分割がなされて、そこになんらの理論的障害もない、といえるはずである。

(ii) **マイホームなどの家族的財産** 問題はこの種の遺産の分割である。①第一に、この種の財産は、父(被相続人)の財産と一般的には解される。マイホームの場合、請負にしろ売買契約にしろ、妻が専業主婦の場合、夫の名義で契約され、ローン設定も夫名義、所有権の保存登記も夫名義、すなわち、妻の協力があるにしろ、法的には夫（父）の財産と解さざるを得ない。しかし、ここで前項目の父の固有財産と単純には同一視できない。法的には確かに夫（父）の財産と解さざるを得ないが、しかし、家族法の遺産分割となれば、その財産には夫婦・親子の独自の分割の視点があっても不自然ではない。むしろその視線からこそ分割が進められるべきである。端的にいえば、非嫡出子にとっては「父」であるが、嫡出家族の場合、嫡出子にとっては同じ「父」でも非嫡出子とは単純に同一視し得ない関係も無視できない。すなわち、父＝夫という二重の地位も考慮に入れる必要がある。父＝夫の遺産、たとえばマイホームについては、一般に妻の寄与（寄与分の対象とはならない）、また、子の協力、それに、嫡出家族がまさに日常生活を共にしていたという、家族的感情もこめられている。その遺産に対して、その家族の外にいる非嫡出子が、同じ父の子であるとして、その遺産に対し、嫡出子と同等に分割を請求する権利があると、法的に直ちに判断することが妥当といえるが、確かに疑問を否定できない。これまでの判例が問題としてきたケースは、その種の財産を分割対象としてのものと思われるが、実は判旨においては、遺産の性格に論及したものは見当たらない、といってよいと思われる。今回の平成七年の最高裁の相続分差別の合憲論の根拠として、前にも引用したが、「それぞれの国の伝統……」ということではなく、「夫婦・子」の一体の近代家族（もっとも、子が自分の意思で別居する、また婚姻によって親から独立して新世帯をもつこともある。しかし、この場合でも子の成長過程において父母と生活を共にしてきたという、そこに特有の家族感情がその遺産にあることも考慮されてよい）の家族生活に注目すべく、その法的視点から、嫡出子・非嫡出子の差別合憲論が述べられるべきであった。その見解であれば、差別合憲論も説得力をもつとも考えられる。しかし、はたしてそれでよいか。法の下の子の平等論こそ、近代家族法であれば当然法の視野に入れられるべきである、との近代法の理論的要請も忘れてはならない。

そこで、結論的には、私はつぎのように考える。それは、民法改正論になるが、この問題については、家庭裁判所の審判により分割する、との方式の確立を提言したい、ということである。その論点を分説する。①第一に、嫡出子・非嫡出子の相続平等は、あくまでも相続人としての地位の平等を意味する。すなわち、この平等の立場で遺産分割手続を進める。協議分割にしろ、審判（調停）にしろ、非嫡出子は嫡出子と同じ相続人の立場から分割を進める。②遺産分割については、民法九〇六条の分割基準の規定に注目したい。この規定は昭和五五年に改正され、分割基準がより綿密になった。実務的には、この九〇六条の分割基準により九〇〇条の法定相続分を家裁の審判分割では動かし得ない、と解されているが、私見はこの実務的取扱いの解釈には法理的に疑問を否定できない。九〇六条によれば、分割に際しては、まさに「遺産に属する物又は権利の種類及び性質、各相続人の年齢、職業、心身の状態及び生活の状況その他一切の事情を考慮してこれをする」、と規定されているが、この規定こそ、遺産分割にふさわしい規定と考えられる。どうしてこの規定が家裁の審判の分割基準となり得ないのか。それはともかく、本稿のテーマの嫡出子・非嫡出子の父に対する相続問題の妥当な解決法は、九〇六条の分割基準による判断以外には、法的に妥当な解決は望み得ない、と考えられる。たとえば、父に認知されながら長年放置されていた非嫡出子については、扶養的要素を重くみる遺産分割が妥当といえよう。非嫡出子の生活状況が、嫡出子と比較して著しく劣悪であれば、この面も分割要素として考慮しなければなるまい。あるいは、多少の調整金の給付で十分なケースもあるかもしれない。ともかく、この種のいわば家族的財産に対する非嫡出子の相続問題、その遺産分割については、妻・嫡出子の納得し得る分割でなければならず、それには、家庭裁判所の自由裁量による審判の分割方式が法的にベストではないか、と考えられる。現行民法の非嫡出子の相続分が嫡出子のそれの「二分の一」という数字的分割は、遺産の性格、家族にまつわる諸事情を無視した、あまりに形式的な立法といわざるを得ない。見方によっては、「二分の一」の判断が公平といえるケースもないこともない。それにしても、家裁の審判による判断があってこそ、社会的にも納得し得る分割といえるのではなかろうか。

なお、この問題は相続権の根拠ともかかわる。

(iii) 「非嫡出子」の観念について、「事実婚の子」の問題を法的に区別して考える必要がある。端的にいって、「事実婚の子」と「愛人の子」とについて、前者について親が婚姻届を出していないということだけで、「非嫡出子」として同一視することは明らかに問題というべきである。準婚理論からいっても、嫡出子と同じ法的見方が当然望ましい。その父の遺産相続については、当然嫡出子と同じ子の立場で相続権が認められるべきである。

(1) 我妻栄編『戦後における民法改正の経過』四八、四九頁。
(2) 有地亨『新版註釈民法(27)』一八五頁。
(3) 泉久雄「嫡出でない子の法的地位」ジュリスト「特集家族の変貌と家族法の課題」一二七頁。
(4) 星野英一『家族法』一一五頁(平成六年)。
(5) 泉久雄・前掲論文一二八頁。
(6) 島津良子「婚外子差別の現代的意味と戸籍制度」婚差会『非婚の婚と婚外子』一五四—一五五頁。
(7) 二宮周平『事実婚』(講座現代家族法二巻夫婦)五七—五八頁。
(8) 二宮・前掲書五九頁。

第七章

小学生の同級生による殺人事件

――佐世保・小六事件――

1　小学六年生の同級生殺人事件発生

平成一六年六月一日、長崎県佐世保市の市立小学校で、六年生の女児A（一二歳）が、同級生の女児B（一一歳）にカッターナイフで首を切られ死亡した事件が発生した。

加害者のBは、新聞報道の警察の事情聴取によると、被害者のAと交換日記やインターネットのホームページの掲示板で交流していた。五月半ばすぎから「書き込みで何度も嫌なことがあった」と話している。書き込みを消去したり、掲示板の上で「やめて」と求めたが、容姿に関する中傷や「いい子ぶっている」などと書かれ、二日前の運動会が終わった後に殺害を決意、「いくつかの方法を考えた」と話した。問題のカッターナイフは、筆記用具と一緒に筆箱に入れ、ふだんから持ち歩いていたという。六月一日の事件当日は、給食の準備が始まった直後、被害者のAさんに声をかけて学習ルームに呼び出し、いすに座らせ手で顔を覆った状態で、後ろから首を切りつけたとみられる（日経新聞平成一六・六・四）。「ネットに嫌がらせや書き込み」、それがBの殺人の動機という。しかも殺意があってカッターナイフで首を切りつけた。何とも異常な事件である。家裁送致されたBは、「カッターのほかにも、アイスピックで刺すか、首を絞める方法も考えていた」といい、県警はBが関心を持っていたバイオレンス小説「バトル・ロワイアル」に刃物を使う場面があり、その小説の影響からカッターナイフを選んだ可能性があるとみている。いずれも新聞報道であるが、県警によると、ＢはＡさんを「殺そう」と決意し、一日の事件の四日前、どうやって殺そうか三通りの方法を考えたと話し、そして三通りのいずれの方法についても、Ｂは「身近にあるものでやれるやり方を考えた」と話しているという。

２　家裁の審判開始

家裁は加害女児Ｂの精神鑑定を行うことを決めた。Ｂの付添人の弁護士によると、「動揺を見せない事件後の態度と、行為の結果の重大性との落差が大きい」といい、専門家は「事件の背景とか心理状態を多角的に解明する必要がある」と指摘する。一一歳のＢの心の奥底にどこまで迫られるか、これは極めて重大事である。小学生の精神鑑定は異例であり、事件の社会的重さを改めて思い知らされる。ともかく「ネット上のやりとりでトラブルが生まれ、それが殺人動機に通ずる」という前例のない事件。しかも加害者も被害者も小学校六年生という、誰もが常識的には考えられない異常な事件である。山脇成人教授（広島大学大学院、精神医学）は、「前例のない事件で、インターネットや映画の影響も無視できない。精神科医のほか、犯罪病理学、発達心理学、社会学などの複数の分野の専門家による複合的な鑑定が必要になる」と指摘している（日経新聞平成一六・六・一五）。第一回の審判は、Ｂの収容先の長崎少年鑑別所で六月一四日午後三時から三〇分間、非公開で行われた。付添人によると、Ｂは面会の際に比べると、緊張した面持ちだったとマスコミは伝える。そして審判では、動機や背景解明のために、前述のように精神鑑定の実施を決めた。

被害者の父親は、Ｂの精神鑑定の実施を聞いて、「人の心の奥底を精神鑑定で本当に見極めることができるのか。私には分かりません」と被害者の父として正直な心境を告白している。と同時に、「精神鑑定は内容のあるものにして欲しい」とも述べている。自分の感情は一切出さず、冷静かつ社会的にも説得力ある解決を期待している、という発言である（日経新聞平成一六・六・一五）。マスコミ関係者としての意見表明、冷静な対応には頭が下がる思いである。マスコミ報道は連日続いたがとくに、つぎの記事が注目された。

「普通の子が重大事件」「児童相談所長、落差に驚く」（日経新聞平成一六・六・一三）。佐世保児童相談所の記者会見では、「普通」という言葉が繰り返し使われた。所長によると、「印象はごく普通の女の子。それが想像もできない重大事件を起こしたというギャップに驚いている」と述べた。また、Ｂについて、両親は「問題なく育っており、成績も良く、しっかり者で頑張り屋。ただ、自己主張ができなく、はっきり『ノー』と言えない内向的な性格」と述べ、事件は、「今まで特別に何か問題があったわけではないのに、ショックは大きい」と信じられない様子だったという。さらに会見に同席した長崎教育委員会の立石教育長は、「大人も子どもたちの間で何が起きているのか、たどりつけていない。深い闇を感じる」と述べる。普通の子が殺人という重大事件、私も深いショックを受ける。

3　チャットや掲示板、子どもの二割

子どもの約二割がインターネットでメールを送ったり、チャットや掲示板を利用したりするためにパソコンを使っているのに、親は利用実態をあまり知らないことが、六月一六日、日本ＰＴＡ全国協議会が小学五年生や中学二年生を対象に実施した調査で分かった。前述のように、長崎県佐世保市の小六女児童事件の背景にも掲示板でのやりとりがあったとみられるが、この調査で、チャットや掲示板が小中学生にも浸透している実態が浮かび上がった。

調査は、平成一五年一一―一二月、全国の小五、中二のそれぞれ三、五〇〇人ずつで、その保護者六、一〇〇人の計一万二、二〇〇人を対象に実施され、計一万九七人から回答があっ

た。①パソコンの有無については、八四・八％の子どもの自宅にパソコンがあり、八・七％の子どもが自分専用のパソコンを持っていた。②パソコンで何をしているか複数回答で聞いたところ、最も多いのは小五が「ゲームをする」で七〇・一％。中二では「ホームページを見たり調べものをしたりする」で六〇・三％。③「メールを送ったりチャットや掲示板を使う」は、小五では五番目で一一・九％。しかし中二では、三番目に多い二六・九％まで増加。平均すると、一九・七％で全体でも三番目となり、五人に一人が掲示板やチャットを利用していることになる。④子どもにインターネット利用の目的について尋ねたところ、最も多いのは小五では「勉強のための情報を得る」で五四・四％。中二では「趣味や娯楽のための情報を得る」で七〇・三％。⑤インターネット利用内容について親と話しをすると答えた子どもは小五では五八・一％、中二で四二・二％。⑥利用内容について「よく知っている」、「少し知っている」と答えた保護者は計六七・三％、「ほとんど知らない」、「全く知らない」と答えた保護者も計二四・七％もいた。こうして、チャットや掲示板が小中学生によく浸透している実態が浮かび上がった（日経新聞平成一六・六・一七）。

佐世保事件は、インターネットの掲示板などのやりとりに、その背景がある。おそらく誰もがこの事件まで、このような事件の発生など予想だにできなかったろう。文部科学省が重視するのも当然である。子どもがネットを利用する際のモラル、マナーの指導の強化。それと同時に、ネットの持つ危険性についても教えていく考えだという。しかし、二〇〇二年度末現在、パソコンを使って授業ができる教員の割合は五二・八％とほぼ半数にとどまり、目標達成は困難な状況にあるという（初等中等教育局）。今回の事件では、女児らはインターネットの掲示板への書き込みやチャットを小学六年生で開始、すぐに熟知して使いこなすようになり、加害者のＢは殺害のきっかけについて警察の事情聴取に「ネットの掲示板に悪口を書かれた」と説明している。これでは、教える側もパソコンに精通していないと説得力に欠ける（初等中等教育局）とし、これまで以上に教員の意識改革を促す考えだということである（日経新聞平成一六・六・六）。当然のことであろう。

4　さらなる事件の異常さ

佐世保事件の異常さは、さらに、Ｂが事件後約一五分間、現場となった同小三階の学習ルームにとどまっていたことである。Ｂはこの間、室内で手に付いた返り血をハンカチで拭くなどしていたという。調べではＢは約一五分後に教室に向かった。教室の手前でＢに気付いた担任にナイフを取り上げられた。ナイフは先端から五、六センチが折れていた。佐世保市教育委は、六月八日、養護教員が被害女児Aさんの脈をとったことなど、事件後の状況を明らかにした。廊下には児童がいたが、教師らはAさんが倒れていた学習ルームのドアを閉めなかったという。また、同教委は「学校側は事件の兆候は感じていなかった」と説明し、小学校の校長も記者会見で「今でも信じられない」と話した。この事件は深く同級生の心を傷つけた。同小学校は六月四日、児童六六人に対し、カウンセリングを実施した。その結果、「事件直後、加害児童が血まみれでカッターナイフを持って教室に現れた姿が頭から離れない」と話した同級生もおり、事件が心理面に大きな影響を与えたことが判明した。また、学校側のアンケート質問には、「眠れない」「食欲がない」と回答する児童もあり、臨床心理士が「カウンセリング」の必要があると判断した児童と面談した。学校側の配慮のなさに私も強い疑問をいだかざるをえない。また、担任の三五歳の男性教員は、事件のショックから入院中。市の教育長は「学校に出てこない現状を容認せざるをえない」と深刻な精神的状況に理解を示した。

また、Bは両親と六月四日、鑑別所内で面会した。Bは両親とほとんど目を合わせず、自ら語ることもなかったという。ただ、父親が最後に「朝晩両手を合わせて拝むんだよ。お父さんたちもしているから」と言うと、だまってうなずいたという。当初Bは両親の姿を見ると、驚いてこわばったような表情になった。横を向いたり、目を伏せていたという（朝日新聞平成一六・六・五）。この女児はなにを考えていたのであろうか。事件が異常なだけに、その解明もそう簡単ではないと思われる。

５　強制措置が妥当

これは、長崎佐世保児童相談所の見解である。

長崎県佐世保児童相談所は、加害者の女児を長崎家裁佐世保支部に送致した際、行動の自由を制限して強制措置のとれる児童自立支援施設への入所が相当である、との意見を添えていたことが判明した（平成一五年に長崎市で起きた男児誘拐殺人事件でも、県中央児童相談所は、当時一二歳の少年を家裁送致した際に、同様の意見を添えた（日経新聞平成一六・六・四））。

児童自立支援施設は全国に五八カ所あるといわれるが、鍵のかかる居住室を備えて強制的な処遇ができるのは、武蔵野学院（埼玉県）と女子用の国立きぬ川学院（栃木県）だけといわれる。

この事件では家裁の審判による保護処分が決まると、児童相談所が女児の送致先を決めるため、刑事責任が問えない一四歳未満の少年少女の処遇として、最も管理の厳しい施設へ送られることになったが、そこには懲罰的意味も加えられていることは否定できない、と考えられる。

6 劇画の一シーンを見る思い

私には、この事件では、加害者のBは劇画の主役の意識が強いのではないか、インターネットといい、最新の情報手段を使っての交流のあげくの相手のAさんの殺害である。殺した後、確認していたといい、返り血をハンカチで拭いて教室に戻ったことといい、普通の女子の心理でとうてい考えられない。劇中のいわば一種の非現実的想像の舞台で、あたかも主役として演技したと思えてならない。彼女がいつ正気に戻るか、悪夢からさめさせるためどうしたらよいか。さめた後どう生きるか。再生の途は容易ではない。それにしても、Aさんはこれ以上ない悲劇を味わった。また、先にも述べたが、父親はその思いを冷静に述べ、恨みの言葉は何ひとつ述べていない。ただ、加害者の両親の謝罪を受ける気にはなれないと述べているが、この言葉が一層私の胸に突きささる。仮にBが再生しても、Aさんは生きて戻らない。「相手は子どもなんだ」と自分を押し殺して発言している父親の心情に、私の胸もかきむしられる。

7　一四歳未満の子の事件の処遇

一四歳未満の触法少年については、少年法よりも児童福祉法の措置が優先される。一四歳未満は「児童」なのか、それとも「少年」なのか、最も難問と思われるが、現実的に検討されるべき急務と考えられる。児童福祉法が対象とするのは一八歳未満の者である。一方、少年法が対象とするのは二〇歳に満たないすべての「少年」である。性格の異なる二つの法律が、一八歳未満において競合する。これを本件についていえば、一四歳未満の触法少年については、前述のように少年法よりも児童福祉法が優先する。これは、小学校の義務教育を終えていないからという配慮によるものであろう。しかし、こうした形式的判断では、社会的にも納得されない時期にあるのではないか。本件の場合、加害者は明らかに殺意を認めている。その殺意が劇画的か、それとも本人の意思なのか、判断は難しいという問題はある。しかし、全体的にみて、少年法の適用があってもおかしくはないと考えられる。すなわち、一三歳か一四歳、一五歳かなどの形式論を超え、これだけの高度な情報社会である。ケースバイケースによって判断することが、社会的にも妥当な時期にあるのではないか、ここに提言したい。

前にも述べたが、これは普通の女児が引き起こした重大事件である。いまや事件は俗にいう問題児のみに限らない。どんな動機でどんな事件を、普通の人が起こすか分からない。とくに、私は、今回の事件から情報教育の重大性を思わずにはいられない。顔も見ないで交流する。その交流から憎悪がどんどんエスカレートしかねない。人間教育の徹底がまずその前提と思われる。普通の子の重大事件、この事件にこそ現代の児童教育の一つの盲点が見えた思いがする。

8　児童の事件続発

その事件に続いて、一三歳の女児がマンションから五歳の男児を突き落としたという事件が発生し、社会を大きくゆるがした。東京都児童相談所は、この少女を東京家庭裁判所に送致した。そして、家庭裁判所は平成一六年六月二三日、少女を東京鑑別所に二週間収容する監護措置を決めた。四週間まで延長でき、家庭裁判所はその保護観察の報告をもとに審判を開くかどうかを決めた（朝日新聞平成一六・六・二四）。なお、この女児の付添人の弁護士三人は、六月二五日記者会見し、「心が病んでいることもありうる」として、精神鑑定の申請も検討していることを明らかにした。三人の弁護士は二四日から二五日にかけ三回、女児と面会した。女児は疲れた様子で「よく眠れない」、「後悔している」の言葉も口にしているという。この女児は日本で生まれたが、長らく東南アジアで暮らし、小学五年時に帰国した。人付き合いがうまくいかず、六年時には登校しなくなり、中学では区の不登校児向けの適応作業教室に通っていた（日経新聞平成一六・六・二九夕刊）。彼女は、「殺そうと思ったわけではなく怖がらせるつもりだった」と説明しているということであるが、このほかにも非行があり、「少女の強制措置適当」という児童相談所の所長の意見も妥当としかいいようがない。

また、この事件の後、平成一六年七月六日午後一時五分ごろ、新潟県三条市の市立小学校（児童三五四人）の教室内で、六年生の男児（一一歳）が別のクラスの六年男児（一二歳）に柳刃包丁で切りつけるという事件が発生した。当時は昼休み中で、切りつけられた男児は右腕に二週間のけがをした。新潟県三条署は切りつけた男児を補導し、傷害の非行事実で新潟県中央児童相談所に通告した。今後は、児童相談所が男児の処遇を決める。加害者の男児は、「悪口を言われた。ばかにされていた」と動機を話し、相手をけがさせたことについては、「悪いことをした。すみません」と話しているという。調べでは、「被害男児が男児の教室に行って切りつけられた。包丁は切りつけた男児が自宅からランドセルに入れて持ってきたもので、刃渡り一二センチ。被害児童は職員が車で近くの病院に運び、男児もいったん帰宅。学校は約五時間後の午後六時一五分ごろ、三条署に届けた。通報がなぜこんなに遅れたか。校長は、「子どもの状況把握を先にし、警察に介入されるのは待ってもいいのではないかと判断した。判断が甘かった」などと語っているという（日経新聞平成一六・七・七）。

この事件では、幸いに被害者の児童は死にいたっていない。しかし、刃物が凶器であったことは長崎佐世保事件と変わらない。違う点は、長崎佐世保事件は女児間の事件——被害者死亡——に対して、この事件は男児間の事件——被害者は二週間のけがという傷害を負った——ということである。教室内での刃物を用いた事件の続発が注目される。

9　少年審判

平成一六年六月一四日、長崎家裁佐世保支部（小松平内裁判長）は、殺人の非行事実で送致された女児の第一回少年審判を開き、動機や背景を解明するための精神観点の実施を決めた。小学生の精神鑑定は極めて異例といわれる。精神鑑定は、加害者の心の奥底に迫り、犯行当時の心理状態を把握することがその主たる目的である。動揺を見せない事件後の態度と、行為の結果の重大性の落差が大きいことが、精神鑑定を必要とする現実的理由と考えられている。専門家は、「事件の背景や心理状態を多角的に解明する必要がある」とする（日経新聞平成一六・六・一五）。

鑑定は、通常精神医療の経験が豊富な医師や心理学者が担当、その他脳波検査や心理テスト、事件当時の精神状態、成育歴の聞き取り調査などが実施される。大人と違ってうまく子どもが自分の心を説明できないケースもあり、絵を描かせたり、箱庭を作らせるといった手法も用いられるという。会見に同席した長崎県教育委員会の立石暁教育長は、「子ども達の中で何が起きているのか。たどりつけない深い闇を感じる」と深刻な困惑の表情をみせていた（前掲同紙）。

家庭裁判所の処分には、つぎの方式がある。①保護観察――加害者は家に帰れるが「保護司」から生活の指導や監督を受ける。また、普通は月二回くらい、加害者が保護司のところに行って、生活の様子を報告する。②児童養護施設、児童自立支援施設送致（この場合は、非行の程度はそれほど進んでいないが、親がいなかったり、親のもとでは心配な場合は、児童養護施設や児童自立支援施設に送られることになる）。③非行が悪質であったり、くりかえされたりなど、かなり非行が進んでいる場合で、親も十分指導ができない場合は、少年院に送られる。

④試験観察――すぐに処分を決めないで、しばらく加害者の様子をみてから処分を決める。この場合、家に帰されず、民間の委託先に預けられる場合がある。数カ月の間にもう一度審判が開かれ、加害者の最終の処分が決まる。⑤加害者が事件を起こした時に一四歳以上で、重大な事件などの場合で、裁判官が「おとな」と同じ裁判をした方がよいと判断すると、家庭裁判所は事件を検事に送り返す。この場合は、「おとな」と同じ裁判を受けることになる。

事件後、加害者の女児は、長崎少年鑑別所に送られた。ちなみに、少年鑑別所とは、裁判官が加害者の処分を決める審判の日まで、その性格や考え方を調べるところである。一般に、少年鑑別所の中では、心理テストが行われ、また家裁の調査官が面会に来て調査する。要するに、少年鑑別所は加害者の処分が決まらない間に入れられるところで、少年院とは異なるわけで、少年鑑別所に入ったからといって、必ず少年院に送られるということではない。

その後、加害者は一四歳未満で刑事責任は問われないため、児童の保護措置が決められ、保護措置といっても、最も管理の厳しい施設へ送られることになった。強制措置を取れる施設は、全国に五八カ所ある児童自立支援施設の中では男女各一カ所あるだけである（女子に対し強制措置のとれる施設は、国立きぬ川学院（栃木県）だけである）。

10　加害女児の殺意の意味

本件では加害女児Ｂは殺意を認め、しかも加害方法についても、カッターのほかにも、アイスピックで刺すか、首を絞める方法を考えていた。そして、首を絞める方法については、「手で絞めるか、ひもでやるか」の二通りを考えたという。そして、県警はＢが関心を持っていたバイオレンス小説『バトル・ロワイアル』に刃物を使う場面があり、カッターナイフを選んだ可能性があるとみている。Ｂが熱中していたとみられる『バトル・ロワイアル』の映画には、同級生を襲う女子生徒が登場。級友に「好きなの」といった言葉をかけて油断したすきに背後から左手で頭を押さえ、右手に持った鎌で首に切りつけるシーンがある。Ｂは五月上旬、自分のホームページに『バトル・ロワイアル』を模した自作小説を掲載。また、五年生の終わりに編集された学級文庫の自己紹介欄でも、好きな本の一冊にこの作品を挙げている（朝日新聞平成一六・六・七夕刊）。

Ｂの精神鑑定は、こうしたバイオレンス小説の影響などが当然大きく注目されよう。端的にいって、このＢの「殺意」、それに「殺人行為」の判断である。確かに殺害の計画性は否定できない。はたして、たとえ一四歳未満でもそれなりに、殺意・殺人行為があったとみるべきか。確かに事件は普通の子どもの心理では考えられない。まして、加害後約一五分間、現場の同小学校三階学習ルームにとどまり、この間Bは、室内で手に付いた返り血をハンカチでふくなどしていた、という異常な冷静ぶりである（Bは、その後教室に向かい、教室の手前で、Bに気づいた担任にナイフを取り上げられた。ナイフは先端から五・六センチが折れていた）。

私は、加害者のBは、あたかも過激な殺人ゲームの主役を演ずる心理状態になっていたのではないかと、この事件を分析した。そうなると、「殺意」といい、「殺人行為」といい、本人の心情はいわば宙に浮いていた。だからこそ、いわゆる普通の女児でもあのような残酷な殺人をし、外からみると、冷静かつ計画的に事が進められていたように見えたのではないか。その証拠に、Bに面会した弁護士によると、彼女は「被害者と自分の両親に謝りたい」と反省の言葉を述べ、また、事件の核心部分については難しい顔で考え込むような表情で、「よく考えて行動すれば、こんなことにはならなかった。何でやったのか」などと伏し目がちで話していたという（日経新聞平成一六・六・一三）。Bの精神状態が、行為の時普通の心理状態でなく、極端にいえば非現実的なドラマの世界にいたのではないか、とつくづく考えさせられる。Bに両親も面会し、Aさんに朝晩合掌をするようにと話すと、「うん」とうなずいた。

しかし、事件について直接話すことはなかった。新聞報道によると、同席した女児の付添人の弁護士によると、面会時間は約三〇分間、鑑別所内の一室であった。両親が入室すると、

Ｂは困ったような表情で迎えたという（朝日新聞平成一六・六・一二）。悪夢からさめて、両親の顔をまともに見られなかったのではないか。

この事件は、学校の全生徒に深刻な精神的・心理的ショックを与え、食欲をなくす女児も現われ、学校では全生徒にカウンセリングを開始した。これは、臨床心理士によるもので、とくに心的外傷後ストレス障害（ＰＴＳＤ）などを発症する恐れのある児童は、継続して様子をみることとした（日経新聞平成一六・六・三）。

その後県教育委員会は、Ｂが事件直前の国語の授業で、ホラー小説の表現を引用したとみられなくもない「お前を殺しても殺したりない」などと作文を書いていたこと、そして、この作文とともに「バトル・ロワイアル」の自作文が赤いランドセルの中から見つかったことを公表した。また保健室で着替えを手伝った教諭らに「左手で目隠しして、カッターナイフで切った」、「死ぬまで待ってバレないように教室に戻った」、「掲示板に悪口を書かれて殺そうと思った」と語ったことや、「私、どうなるの」と今後の処遇を心配する場面もあったが、県警や救急隊の問いかけには冷静に答えていたことが報道された（朝日新聞平成一六・八・三）。

そうしてみると、一四歳未満の少女には、法的に「殺意」があったとはいえない。かりに殺意があったと認められるにしても、成人のそれと同じようには考えられない。朝日新聞の神谷裕司西部報道センター次長は、「殺人」、「殺害」という言葉を使わず、「小学六年生の女児がカッターナイフで首を切られ死亡した事件」という表現をして、「加害女児」という言葉も使用しなかった（朝日新聞平成一六・八・二）。しかし、私は右の表現では、事件の本質が明確にとらえられないと考える。成人なら「容疑者」といえるが、この少女の事件は、「加害女児」と表現しても人権的に問題はないと考える。そう解しないと、被害者の女児Aさんの被害そのものが明確に表現されないことになる。

もちろん、事件の本質の明確さが当然望まれる。社会的にも大きな関心事である。どうして事件が発生したのか――これは、現代のインターネットが引き金になった。現代的情報のからむ事件である――、家庭環境、学校生活などを総合的にとらえた事件の本質的解明が欠かせないと考えられる。

11　少年更生措置の意味

朝日新聞が平成一六年五月に、全国にある五〇の保護観察所長にアンケートしたところ、保護観察中に少年の生活態度が改善しない場合にとれる措置が不十分だ、との意見が大多数を占めた、と報道された（朝日新聞平成一六・六・二二）。これは極めて重大事である。これは、保護司の改善更生を後押しする制度であるが、その実効性に乏しいという指摘である。その中でとくに注目されるアンケートでは、「保護観察が拒否されても、保護観察所側がとれる手段がない」という指摘である。これでは、保護観察の意味がない。これは、本件の措置ではない、それでも、少年更生を目的とする法制の一つとして、この問題は無視できない。

　本件では、小学生の加害女児に対して、家裁は異例ともいえる精神鑑定を決めた。そして、その後どのような審判をなすか。いずれにしろ、加害女児の更生を目的とする措置がとられよう。問題は、どのように人格が立ち直ったとき更生とみるかである。これは、少年院にしろ、児童自立支援施設の判断によるか、更生期間は、家裁の審判によって決定されよう。

12　更生への提言

　ここで、私は一つ大胆な提言であるが、つぎのように提言したい。

　それは、一般に未成年の加害者について言えるが、人を殺害した場合、被害者・その親族、また社会的正義からいっても、成年に達した後一定期間（これは事案に対する裁判所の判断によるゝ、まさに刑法上の服役を課すべきではないか、ということである。もちろん、本人は成年に達した後更生した社会生活を送っている。未成年の時の犯罪は、それなりに法に基づいて対応し清算しており、その上、成年に達した後まで追及されるということは、刑法その他少年法なども立法的に予想していないし、また、本人にしても納得できないことかもしれない。もちろん、私見には刑法上の理論からも反論が考えられる。しかし、それでもここに提言するゆえんは、「生命」はそれだけ重い、と同時に、加害者の更生だけですまされるべきではないとの考えからである。更生とは、成年に達した後も自ら反省して、一定期間刑事責任を果たしてこそいえるのではないか。かくしてこそ、加害者と被害者の関係が法理的にバランスがとれるのではないか。あえて、右のように一言したい。

日本では、犯罪被害者の地位を考える視点は、先進国ではかなり後れているといわれる(1)。それでも、二〇〇〇年五月「犯罪被害者保護法」が成立した。しかし、少年犯罪はこの法律から外れている。これに対して、少年犯罪によって子どもを殺された親たちを中心に一九九七年に結成された「少年犯罪被害当事者の会」は、翌一九九八年四月、下稲葉耕吉法務大臣(当時)と会見して、「少年法の改正を求める要望書」を手渡した。同大臣は「現在の少年法は加害者の人権ばかりいっているが、被害者の人権はどうか、いろいろな仕組みの中で法律上どこまでできるか検討いたしております」と回答した(2)。

被害者の人権論が後れていることは、法的に重大事といえよう。被害者は死亡したのだからではすまない。私の提言は、この被害者の人権も法的に考慮してのことである。

13 事件発生一年後、被害者の父の心境

事件発生後一年目の日（平成一七年六月一日）、被害者の父（毎日新聞社の記者）が、一年間の心境をつづった手記を新聞紙上で公表した。その全文をここで紹介することはできないが、私の受け止めたポイントは、つぎのとおりである。

①「……前触れなしに娘の記憶がよみがえり、胃の中が熱くなるような感覚を覚える。悲しみ、怒り、寂しさ、憎しみ、悔しさ。どんな言葉でも表せないつらい感覚。……」と、まず一年経てもいやされない心情を述べた。

② 審判の後、「事件を自分なりに見つめなおしたい」といい、事件のさまざまな資料、専門家の意見を仰ぎ、彼女の「なぜ」を探す作業を続けた。資料を分析・考察し、うなずけるものもあった。しかし全体としては、動機や背景を明確に示した事件像になってないと思った。「なぜ」は分からなかった。

③「なぜ」探しの結果、……私は作業のある時期から「なぜ」探しをやめようと思った。……多くの資料に描かれた彼女の姿は、審判の決定要旨にある「自らの手で被害者の命を奪ったことの重大性やその家族の悲しみを実感することができないでいる」という表現が誇張ではないことを示していた。私は、事件当時のことは彼女自身も分からないのでは、という感覚を覚えました。それは底の見えない暗い井戸をのぞき込むような空恐ろしさでした。その時点で私にとって「なぜ」探しの意味はなくなった。それよりもこれから彼女とどう向き合うべきかに気持ちを切り替えるしかない。そして、今は私と家族が生きることを最優先に考えなければならないと思った（注）私も「事件当時のことは彼女自身も分からないのではないか」という判断は、そうではないかと思うような気がする。それは、被害者ならではの深刻な心境ではないかと思う）。

④「心の変化」を見逃さぬカウンセリングが必要、と提言される。その理由について、一つは、彼女は事件前日にインターネット上のサイトを閲覧している。これは事前の計画性をうかがわせる。一方で、実際の行為は激情的で、首への致命傷以外に、「私にとって無視も軽視もできない傷」が手や肩、側頭部にあった。しかし、彼女の供述には致命傷以外の説明はない。……この計画性と実際の行為・結果との落差をどう解決すればよいのか。それを埋めるには少なくとも前日から事件に至る「心の変化」を丁寧に拾う必要があるが、その点を

掘り下げた資料はなかった。事件直後の警察の事情聴取は綿密だったが、それは犯罪行為の立証が中心である。彼女のような低年齢の場合、行為に至る背景を引き出さなければ真の姿は見えない。実際、ある程度時間が過ぎると彼女の記憶が曖昧になり、話さなくなっている。したがって、捜査とは別に同時並行で、事件直後の「心の変化」を見逃さない適切なカウンセリングが重要である。児童相談所など関係機関にその機能が求められている。

⑤　先生、学校、教育委員会へ、長崎県教育委員会と佐世保市教育委員会が関係者の聞き取りを中心に調査し報告書をまとめたが、いわば身内の調査で限界があり、また調査の実態も検証しえない。第三者による調査システムをつくり、学校や先生は「何ができて、何ができなかったのか」を究明すべきである。

⑥　親として、これまでの子育てが足元から崩れる感覚は今でも消えない。親である以上、悩み、もがきながら子ども達と接していくしかない。

⑦　報道について、今回のような社会的関心が高い事件では、報道も過熱する。それにより教訓となるべき問題も掘り起こされ、議論が深まる一方、遺族には気持ちの整理がつかない時期に記者が来る、記事が載る、ニュースが流れるということで混乱状態から抜け出す障害となる。報道には、その矛盾をいかに解消させるかが求められる。象徴的なものとして、実名と顔写真で今考えていることを述べる。……大事件・事故の場合、初めから「顔写真あ

り き」と考えがちで、入手さえすればいいという気持ちに陥る危険性がある。やはり入手や掲載には遺族の了解が最低必要である。……娘の事件後も痛ましい事件や事故が相次いでいる。徐々にだが報道の姿勢も変わっている。それでも、多くの遺族が報道に怒りや憤りを訴えている。報道する側はこのことを常に考える必要がある。

⑧ 彼女の両親とは昨年一一月以降会っていない。手紙で彼女の様子を断片的だが知らせてもらっている。今は彼女の情報を得る手段がないので、こんな関係継続しかないのかなと思う。私は意見陳述や最終審判の時、多くの人が彼女の更生にかかわってほしい、遺族にできるだけ情報を開示してほしいと述べた。その気持ちは今も変わらない。真偽不明の情報が耳に入るのはつらいものです。彼女が児童自立支援施設でどう過ごしているかを可能な範囲で遺族に知らせるとどんな問題があり、彼女の処遇に影響があるのか、いずれ所管の厚生労働省や施設に聞きたいと考えている。

⑨ 彼女はいつか社会に復帰する。彼女自身に償いの気持ちが生まれたとしても、行動は自分で考えるべきだ。私にはそれを見つめることしかできない。短くて長い一年だった。精神的に厳しい状況に追い込まれたことは数限りなくあり、支えていただいた多くの人に感謝を申し上げる。中でも息子たちに助けられました。

以上がその要旨である。

（注）被害者の「父」が手記を公表することは珍しい。しかも父＝記者の目でも加害者の心理分析をし、また関連社会機関に鋭い問題提起する。この手記において私がとくに問題視しなければならないことは、手記の最後の一節に「彼女はいずれか社会に復帰する。……彼女自身に償いの気持ちが生まれたとしても、行動は自分で考えるべきものです」、ということの意味である。被害者は二度と生きて戻らない。加害者が反省、更生し社会に復帰し償うとしてなにができるか。また、この問題は当事者間にまかしてよいのか。法律で「償う」となれば、慰謝料問題とかしか考えられえない。しかし「小学生の頃の犯行に成人してから謝罪すべし」などの議論は聞かれない。

実は、神戸市で一九九七年に起きた児童連続殺傷事件で、当時一四歳だった加害男性の少年審判を担当した井垣康弘（現）弁護士は、「非行少年の更生には社会への情報公開と被害者への謝罪、償いの実施が不可欠」を信条としている。医療少年院に収容された男性に一年に一度の面接で、少年の心が「どこか静かなところで死なせて欲しい」、「無人島で一人で暮らしたい」心が芽生えるまでの『心のプロセス』を同判事は綿密に把握し掘り起こした（朝日新聞平成一七・六・一九）。地味ではあるが非行・更生の生きたデーターとして注目される（近く、体験を本に出版されるという）。加害者が成人になって被害者・その両親などに償いの行為をしてこそ始めて更生したといえよう。そうはいっても、更生の途は険しい。加害者の償いの途を歩めるような社会の理解と協力が欠かせない。たとえば国が更生のための相談所を設けることが必要ではないかと考えられる。

（1）黒沼克史『少年法を問い直す』一二四頁。
（2）黒沼克史　前掲書一一八―一一九頁。

第八章

親の子ども虐待

1 児童虐待の現状

新聞報道（読売新聞平成一五・九・一九）によると、日本やアメリカ、イギリスなどの先進国で毎年、一五歳未満の子ども約三、五〇〇人が暴力や放置などの虐待のため死亡していることが、国連児童基金（ユニセフ）が発表した（平成一五・九・一八）調査結果から明らかになった。調査対象となった五年間で、虐待死が最も多かったのはアメリカで、年間平均約一、四〇〇人、続いてメキシコの約九五〇人などとなっている。日本でも年間約一九〇人が死亡していると推定されている。この児童虐待の加害者の約八割は実の両親で、貧困やストレスなどが要因となっているケースが多いという。しかも、殺人発生率の高い国ほど児童虐待死の割合が高いことも調査結果から明らかにされた。

日本の虐待の現状　つぎの調査報告が注目される。①「わが子虐待、半年で一、〇〇〇件」（毎日新聞一九八八（昭和六三）・六・一〇）の記事は、日本全国の児童相談所を対象に行った一九八八年度の調査に関するもので、子ども虐待は半年で一、〇三九件、八三年度の同じ調査結果の五倍になったという。②厚生省によると、全国一七四カ所の児童相談所のかかわった子ども虐待の件数は、九〇年一、一〇一件、九一年一、一七一件、九三年一、三七二件と増えている（毎日新聞一九九四（平成六）・六・二五）。③そして一九九九年度に全国の児童相談所に寄せられた相談件数は、前年度より四、六九〇件増で、過去最多の一一、六三一件で、厚生省が調査を開始した九〇年度と比べ約一〇倍に増えた。④そして、日本でも平成一二年一一月に児童虐待防止法が施行されたが、それから一年間の検挙件数が、平成一三年一二月一三日に警察庁から発表された。その報告によると、子どもに対する殺人、傷害容疑などで一八六件を摘発、二一一人を検挙。被害児童は一九二人に上った。死者は五六人、昨年同期より一三人増加した。検挙の一八六件の被害内訳は、体罰など身体的虐待一三一件、わいせつ行為をしたりさせる性的虐待三三件、食事を与えなかったり長時間の放置二二件、容疑別では、殺人・殺人未遂三〇件、障害・傷害致死九三件、保護責任者遺棄・致死一七件、児童福祉法違反一五件――などとなっている。検挙された容疑者は、実母が七九人（三七・四％）と最も多く、実父・内縁の夫が各四四人（二〇・九％）、養父・継父三二人（一五・六％）の順となっている。そして被害児童は男女ともに同数の九六人、年齢別では、一歳未満の三七人（一九・三％）が最も多く、二、三歳が各二〇人（一〇・四％）、一歳が一八人（九・四％）などで、六歳未満が一一九人と、全体の六割以上を占めた（毎日新聞平成一三年一二月一三日）。

（注）日本の児童虐待防止に対する運動は、すでに一九〇九年（明治四二年）に児童虐待防止協会が設立されるなど早い。しかし、この初期の運動は、世間の人達の子どもの人権につい

ての意識が低かったので弱体化していった。それでも一九三三年（昭和八年）には、児童保護法が成立した。(1) しかしこの時代は軍国主義が高まってきている時代で、子どもの人権は重要視されなかった。それではなぜこの時代に児童保護法が成立したか、これは反面重要な問題といってよいと思われる。法制史的にみると、寛文一二年（一六七二年）、九歳の女児に対する幼女姦が「御仕置裁許帳三」にみられ、また、明治一三年一二月二三日大審院の事案では、九歳の養女に対する近親姦に対する刑事罰の判決がある。(2)

2　児童虐待の類型

児童虐待は、現在つぎの四つの類型に分類される。①身体的虐待――生命・健康に危険のある身体的暴行、②性的虐待――性交・性的暴行・性的行為の強要、③心理的虐待――暴言や差別などの心理的外傷を与える行為、④ネグレクト――保護の怠慢や拒否により健康状態や安全を損なう行為などである。(3) これらの四つの虐待分類では、とくにネグレクトの増加がめだち、最高裁が児童虐待防止法が施行されたのを機に、翌年（平成一七年）一一月までの一年間に全国の家裁が扱った一二三件を分析すると、虐待の態様は、ネグレクトが全体の四四%を占め、ついで暴力などの身体的虐待が三二%、心に傷を与える心理的虐待が二〇%、性的虐待が四％である。また、虐待者別では、実母が四九％、実父が三六％、内縁の夫や継父、養父など実父以外の男性が一三％となっている。この報告を掲載した新聞は「十分な食事与えず、犬や猫と共に放置」の見出し記事で、その悲惨な実情を訴えている（朝日新聞二〇〇二・四・一九記事）。

3　児童虐待防止法の改正成立

平成一六年四月七日、児童虐待防止法の改正案が衆議院本会議で可決、成立した（日本経済新聞平成一六・五・七夕刊）。注目すべきことは、改正法は超党派の議員立法としてまとめられたことである。その改正点とは、①現行法では、「国民の通告義務」は、「虐待を受けた子ども」を発見した場合に限られているが、これを「虐待を受けたと思われる子ども」を見つけた場合まで広げた。②虐待の定義も、「子どもの前での夫婦間の暴力など子どもに著しい心理的外傷を与える行為」まで拡大する。そして、③子どもの安全確保のために警察の協力が必要な場合、通告を受けた児童相談所などが警察に援助要請するよう義務づけた。要請を受けた警察署長は、緊急時に家庭へ立ち入りできる警察官職務執行法などを積極的に使って子どもを援助するように規定した。さらに、④「虐待」を子どもの「著しい人権侵害」とし、被虐児童の自立支援を国・自治体の責務と明記した。

しかし、問題の核心といえる「子どもの保護を親が拒否した家庭への警察官の立入り権限や虐待した親の親権の一時停止などは、憲法などとの整合性を取るための時間が足りなかった（自民・民主両党）として法案盛り込みを見送った（三年以内に検討する）。

4 児童福祉の視点

児童福祉法は、児童虐待を保護者による先の四つの類型と定義する。そして、学校の教職員や福祉施設職員らに早期発見の努力を義務づける。さらに、国民一般にも虐待を発見した場合の児童相談所への通告を義務づける。そしてとくに注目されることは、虐待が起きている疑いが濃厚な家庭への立入り権限を福祉関係者に与えたことである。はたしてその効果は期待できるか。国民一人ひとりに通告を義務づけたからといって、通告しなかった人を罰する強制力はない。それでも、その効果は社会に表面化しつつある。たとえば、全国児童相談所長会の調査によると、平成一二年四月から一二月までの八カ月間に、全国の児童相談所が児童虐待の疑いで立入り調査したケースが六九件に上ったことが判明した。この数字はすでに前年度分を二〇件以上も上回っている。その事務局を務める東京都児童相談所センター事業課によれば、「今後相談機関などの一層の機能整備が必要」と提言している。もっとも、右の六九件のうち、親が立入りを拒否したり、子どもに会わせないなどで結果的に調査ができなかったケースも一〇件あったという（日本経済新聞平成一三・二・五）。この立入り権の課題が、右のデータから明らかである。

この児童虐待防止法は、施行二年後に見直し改正されることになっている。問題は親子関係にかかわるから、法も慎重さが望まれるということであろう。そこにどのような課題があるか。

①　第一は、やはり「親権」の根本的検討があげられる。加害者が親であるケースが多いことは、親権者の子どもの人権についての認識の低さ、いいかえれば子の私物化の意識がいぜん「親権」の現実的実像として生きているということと考えられる。本来、子の幸福のためにあるべき親権が、現実的には逆作用化しているのである。もっとも、民法上「親権」とは「子のための親権」と説かれるが、規定上の親権には、居所指定・懲戒権などいぜん「旧」家父長的観念が消えてはいない。しかも、家族法の現行法への改正そのものが、いわば敗戦後の革命的民主化によるものであった。

② 子どもの虐待は、明らかに親権濫用である。この親権濫用の親に対し、児童相談所長は、家裁に対し親権喪失宣言の請求を求めることができる。審判がなされるまで、六カ月ないし一年の長い期間がある。この間、子どもの保護については、一時保護——児童相談所に付設された一時保護所へ子どもを保護する——の制度がある。最近は、児童虐待の防止等に関する法律八条の規定によって積極的に活用されるようになり、職権保護の適用も急増してきているといわれる。(4) これは、いわば被虐待児にとって緊急避難に相当する。通常の一時保護期間は一カ月前後が多いという。(5) それでは審判が決まるまで、なぜその後親のもとへ帰すのか、その後の再虐待が多い事実こそ、この一時保護においても、今後検討される必要があろう。

また、ケースによっては里親、児童委員など個人でも、児童相談所長が適当と認めれば一時保護委託される。しかし、あくまでも暫定措置にすぎない。まして、親がこの一時保護を拒否できる。まだ親権者であるから親の意見が強い。この一時保護をさらに強化することが立法課題と思われる。審判の前提の保護という立場から、ケースによっては、一時保護であっても、親の引き取りを拒否できる権限が施設の長に認められるべきであろう。

③ つぎは、児童福祉法二八条の規定である。この規定から注目されるのは、一項において、保護者が親権者または後見人のときは、家裁の承認を得て施設入所等の措置をとる。こ

れは、施設入所の措置について親権者または後見人の意に反するときの措置である。実際に虐待した保護者の同意を得られないケースが多いと思われるだけに、この規定の意味は大きい。

問題は、かりに施設に入所させても、実際上親権者が強制的に施設から連れ去ることが可能といわれていることである（佐柳忠晴「児童虐待――抜け穴だらけの防止法――」朝日新聞平成一三・七・一六「私の視点」）。これでは、審判による施設入所の意味は全くない。しかも、強引に親権者が子を連れ去った後の再虐待、そして再々虐待と虐待が日常化していく事例が多いということである。なぜそうなのか。これまで、この問題の解釈論議でも、施設に子の入所の措置をした後、保護者がこの引き取りを主張したとき、これを拒めるのか、この問題は、実は従来から議論が分かれていた。佐柳氏によれば、かりに子どもを施設に入所させたとしても、親権者は強制的に施設から連れ去ることは実際に可能だということである。そこで、厚労省は一九九七年通知を出し、家裁の承認があった以上、福祉施設の長に与えられた監護権が保護者の監護権に優先するとして、福祉施設の長は「拒める」と明示した（児童家庭局長通知）。

前掲の佐柳氏は、さらに一歩視点を進めて、親権について家裁による身上監護権の停止と身上監護権の児童相談所長への付与制度の創設、そして併せて保全処分の明文化などの積極的立法的解決を提言される（前掲「私の視点」）。注目される発言といえよう。私も身上保護権の所長への付与制度が基本的に重要と考える。

④　つぎに、児童相談所の「立入り権」も法的に重要なテーマである。

その問題点とは、保護者の強力な立入り拒否があったときは、児童にとって緊急事態の場合を除き、児童委員または職員は、子どもの住居への立入り調査は行えないことである。警察官が同行した場合も同様といわれる。この問題克服のために、前掲の佐柳氏は、「立法論として、立入り調査は裁判所の発する令状によって行われるべきだ」とする。令状によって強制立入りの途を開こうというのである。私も、この立法論について積極的に支持したい。少なくとも、裁判所が関与することになれば、児童相談所の立入り権の性格についてそれなりの権威と強制力が認められよう。また、「一時保護」の場合も、令状があってよいと考えられる。とくに保護者が不同意の場合に、令状の強制力は絶対欠かせない。調査だからそこまでの権威と強制力は必要ない、という見方も考えられなくもない。しかし、問題は子の人権にかかわる。もはや放任してよい事態ではない。

そして、現実のデータをみると、実親の子どもの虐待――九割が実父母という――事件の多発である。子の命にかかわるケースも少なくない。切迫した事態には、まず司法の力による解決こそ急務といえよう。九七年度厚労省初の調査では、児童相談所が相談にのったり、指導したりしたにもかかわらず、親の暴力などで子どもが死亡したケースが、九六年に全国で一五件あったことが判明した。そのうち、児童虐待の通報後に対応を協議したり、経過を見ていたりしているうちに、虐待死が起きたケースも六件あった。また、保護者の強い要望で児童を施設から家庭に戻した結果、虐待死に至ったケースが三件もあった。同省は「とくに児童を家庭に戻す判断が重要であり、合理的判断が必要。保護者の強引な引き取り要求に屈し、先の見通しがないまま引き取らせてはならない」と提言する。当然のことであるが、こうした事態からも、改めて「親権」とはなにかを法的に考えさせられる。繰り返すが、児童虐待問題は「親権」論ぬきには解明できないことを改めて提言したい。

5　虐待の実態と要因

虐待の実態について、以下、その特徴を分析してコメントしたい。

「母親の一割が『子どもの虐待』を」まさにショッキングな報道である。しかも、被害児は乳幼児が圧倒的に多い。社会福祉法人「子どもの虐待防止センター」の平成一一年度の調査によると、「虐待あり」が九％、「虐待傾向」が三〇％、「虐待なし」が六一％となった。「虐待」の有無は、「裸のままにしておく」、「食事を与えない」、「家に置いたまま出かける」などで一七問で評価、それぞれ「全くない」が〇点、「時々する」が一点、「しばしばある」が二点として点数化し、総計一一点以上を「虐待あり」、一〇―七点を「虐待傾向」、六点以下を「虐待なし」と分類した。その原因として、「夫に家事・育児に協力してほしいことがしばしばある」と答えた母親のうち「虐待あり」が約二一％、夫に不満を感じていない母親の三倍に上がっており、育児に悩む母親の孤立無援ぶりが明らかにされた（日本経済新聞平成一一・四・二二）。

とくに注目される社会現象は、この飽食時代にわが子を餓死させる親の出現である（かつての子捨て、子殺しの社会現象には、生存そのものを脅かす飢餓や天災などの極限状態があった。子沢山で育てられないという間引き、娘を前借金で売るなどの悲哀は、親としてぎりぎりの、悲しみの選択であったであろう）。そこにどんな原因が考えられるのか。

現代は物質的な豊かさを背景に、欲しいものがなんでも手に入れられる時代である。子どもも、もはや「授かりもの」ではない。結婚相手がいなくても精子バンクがある時代である。こうして、子の出産も人工的に意のままになる。「子の出産」に特別の思いが消えているのではないか。大日向雅美教授は、「ペットの飼育がブームになれば、ペットショップで入手し、飽きればペットを生ごみのように捨てる。そこには命への畏敬は全くない。子育てにいらだつ親は、「人生でこんなに思い通りにならないのは初めて」という。自分本位に生きてきた世代には、手のかかる子どもの受容には想像を絶する困難といらだちを覚えているに違いない。わが子なら、あるいは、おなかを痛めて産んだ女性なら、誰もが無条件に子育てができるというのは、幻想にすぎない」とまで述べられている（日本経済新聞平成一一・五・二六夕刊）。その見出しは「手間いとう若い親たち」とある。

若い母親が子を虐待する。これほど深刻なケースはない。現に、厚生省の調査では（一九九二―九六年）、虐待による死亡が確実な件数は二四五件、加害者別にみると、身体的虐待、ネグレクト、車輌内放置など、どのケースでも実母の占める割合は全体で六三件、実父の三一件の二倍というデータである。被害者では、一歳未満の乳幼児の割合が最も大きく、身体的虐待が四九件もある（日本経済新聞平成一一・六・二二）。

私は児童虐待について、被害者が幼児、そして加害者が実母のケースが最も多いと思う。母と子には出産という絶対的な絆がある。お腹を痛めた子に対する愛情はかけがえがない。子の思いも父より母に対して強いのではないだろうか。

(1)「しつけ」と「暴力」

よくあげられる原因が、「親のしつけ」である。たしかに、「親の子への虐待」と「しつけとしての体罰」の境界はあいまいである。子どもにすれば、「お前は悪い子だから」と言われていれば、親から殴る・蹴るの暴力を受けても、それは「しつけ」だと思うかもしれない。ある住民調査（無作為抽出）によると、両親からされたことで「たまにあった」、「時々あった」、「よくあった」の合計が最も多いのは、「大声でしかられる」（父・六〇・〇％、母・八八・〇％と「母」の数が多い）。ついで「泣いても放っておかれる」（父・五一・〇％、母・六四・一％）、「お尻をたたかれる」（父・三三・九％、母・五〇・四％）で、いずれのケースも母の数がめだつ。これらの行為は、度が過ぎると「しつけ」と称した虐待行為と考えられ、その区別は微妙である。母の行為がめだつが、これは、一般に母が虐待行為を行いがちとみるべきではなく、育児が専ら母親任せであることにその傾向の原因があるということであろう。また、母の行為に少ないものとしては、食事を与えない（一・五％）、裸のままにする（一・三％）などネグレクト系の行為があげられる。

虐待行為に対する母親側の要因と、子どもの要因とを比較すると、母親からみた子どもの要因としては、かんしゃく・攻撃的、ぐずり、偏食といった育てにくい特性や発達障害の疑いがみられることがあげられ、また、母親には「ストレスを感じやすい」「子育ては大変だ」という意識が根強いことが注目される。(6) 実際に女性はどのような思いで子育てをしているのだろうか。「辛い」という思いが九割を超える。子ども虐待者に母が多いという背景には、、家事・育児が母親に集中していること、しかも、子育てが辛いという思い、母子という二者の閉塞的な環境からくる孤立感など、さまざまな固有の要因が考えられる。社会福祉法人「子どもの虐待防止センター」の調査（六歳以下の子を持つ都内居住の母親二、四〇〇人を対象とし、回収率は六四・一％）によると、「子育てが負担」と感じている母親の約三六％に虐待あるいは虐待傾向があった。この数字は、育児を負担と感じていない母親と比較すると、その割合は二倍以上であった。また、「子どもを産まないほうがよかった」と考えている母親の半数以上に虐待あるいは虐待傾向があった（朝日新聞平成一二・五・一三夕刊）。

こうして、近代家族の母としての未成熟さ、それに子の私物化、また、子の育児には父母の協力を欠かせないことが、母の虐待問題から明らかになる。

(2)　性的虐待

一般に性的虐待は、問題として表面化し難い。まして閉鎖的な日本の家族の体質である。それでも全国的規模での比較的新しい調査としては、一九八八年四月一日から九月三〇日まで全国一六七の児童相談所で扱った児童虐待の報告がある（一、〇三九件のうち、性的暴行は四八件あった。そして主な虐待者として、実父二〇、継父一〇、養父九、異父一という報告である）[7]。その後一九九〇年代に入り、電話相談によるケース相談が着実な成果をあげ、とくに「子ど

もの虐待防止センター」は、発足後二年で二、七三〇件を扱っている。(8)

事例として、新聞の「見出し」によると、「性的虐待、父が娘に賠償」、「二〇歳と和解、親権失う」とある（読売新聞平成一〇・三・一七）。その事案は、「父親や知人から、性的虐待や暴力を小学生のころから受けていた東北地方の二〇歳の女性が、父親と知人を相手に七五〇万円の損害賠償を求めた訴訟を地裁に起こし、父親らが事実関係を全面的に認め謝罪、請求金額を支払うことで和解したというものである。女性が未成年時に求めた父親の親権喪失も、検査官の申し立てで認められていた。訴状や関係者などの話によると、父親は一九八九年に当時小学校六年だった女性に性的な嫌がらせをしたのをはじめ、自宅などで虐待を繰り返した。また、言うことを聞かないと食事も与えず、深夜に飲食店で働かせていた。この間女性は父親の知人二人からも暴力を受けていたという。一九九五年一〇月、近所の人の通報で発覚、女性は婦人相談所に保護され、父親らは強制わいせつなどの疑いで警察に調べられたが、知人二人だけが略式起訴されただけであった。弁護団の働きかけで検察官が九六年四月、父親の親権喪失を家裁に申し立て、同年一一月、家裁は「性的虐待は親権濫用であることは明白」と、子どもの財産や行動に親の監督が及ばない親権喪失を認めた。民法や児童福祉法で親権喪失の申し立ては、「親族、児童相談所長、検察官」に限られ、子ども本人はできない。弁護団によると、検察官が申し立て認められたのは、本件が初めてであるという。

そして、女性は一九九七年一一月、父親と知人二人の計三人に対し、損害賠償請求を提訴した。同年一二月、地裁で開かれた第一回の口頭弁論で出廷した父親らは虐待の事実をすべて認め、法廷で女性に謝罪。九八年一月の第二回口頭弁論で損害賠償全額を三人で支払うとの和解が成立した。弁護団は「本件の勝訴は、虐待や性被害に耐え続けている子どもにとって支えとなる訴訟だ」と評価している。

娘が父親の性的暴行を理由に損害賠償を求める——本件はおそらく最初のケースであろう。私は、本件から次の提言をしたい。

①　一つは、本件のように性的暴行は、もはや、親権喪失だけですます問題ではない。親権を剝奪しても、親子関係は法的に切れない。扶養、それに相続問題もからむ。とくに、親の老後の扶養問題がある。普通の暴行と異なり、性的暴力である。父親には、娘に対し我が子と思う意識・愛情がないことが明らかであろう。本件の場合、まして知人二人にも紹介し性行為を強要したというから、もはやいうべき言葉もない。家庭裁判所の審判による父子関係の法的切断こそ妥当といえよう。自分の娘に対し性行為を強要する。親子関係のモラルもとうに消えている。あるのは血の関係のみである。

血縁とはなにか、子の幸福の視点から根本的に問われるべきであろう。

②　刑事罰でも、強姦罪に特則を設け、娘を強姦した父親には特有の重罰が科せられるべ

きである。また、父の娘に対する性の強要が動機となって、娘が父を殺害した場合、刑法上尊属殺人罪とされ、刑法二〇〇条は死刑もしくは無期懲役という重い罰を科す。もっとも、刑法二〇〇条は憲法一四条一項に違反するという最高裁大法廷の判決がある（最大判昭四八・四・四刑集二七・三・二六五）。この判例が出ても、刑法二〇〇条は削除されていない。立法者の怠慢以外のなにものでもない。

その事案を要約すると、昭和二八年、当時まだ一四歳になったばかりの被告人がひとり就寝中に隣室に忍び入り、非道にも母の目を盗んで被告人を無理に強姦し、以来、被告人が恐怖と羞恥のあまり声も立てられず、母に訴えることもためらっているのを奇貨として性行為を繰り返した。当時、父親は三七歳で、娘はこの性的虐待を一年間にわたり受けた後、母親にその事実を打ち明けた。母親は、父親による性的虐待を阻止しようとするが、父親は刃物で脅迫し、性的虐待を止めることができなかった。母親は加害者の夫から逃れるため娘を連れて何度か家を出るが、その都度見つけられ家に連れ戻され、娘は性的虐待を受けた。思い余った母親は娘（長女）と妹を残し長男らを連れて一年間家を出た後、再びその娘と同居した。その後、父親はその娘と妹を連れ、母親と別居するに至った。その後その娘は印刷所で文選工として働き、二九歳のとき、互いに結婚を望む相手と出会い、父親の諒解を得て円満な解決を望み父親に話した。しかし、父親は一〇日間にわたり連日のように昼間から飲酒して脅迫的言葉を使い、夜は疲れている娘に仮借なく性交を強要し安眠させせぬばかりか、娘を他の者から助言を求めえない状況下においた。このような状況の中で、娘は就寝中、突然目を覚ました父親（当時五二歳）から暴言を浴びせられ、両肩を両手でつかもうと襲われ、とっさに紐で父親の首を締めつけ窒息死させた、という事件である。

本件では、その娘は刑事被告人として加害者の立場にあるが、殺害行為にいたるプロセスをみると、まさに「親による性的虐待」が親殺しの犯行動機であった。ここまで問題が深みに入らない前に、社会的に娘を救助する方法はなかったのか、改めて、家事問題の社会性を思わずにはいられない。

(3)　性的虐待と少年非行

一般に、性的虐待の実態、その後の成長への影響などは、他の虐待と比較し社会的に明らかにされ難いといわれる。性的被害者は、その事実を社会的にも知られたくないことが、その要因といえる。それでも、そこに特有の非行に走りやすい傾向があるという。外に向けることができない激しい怒りは、そのまま彼女の内に跳ね返ってくる。その結果、抑うつ状態になり、衝撃的な自殺未遂、家出、売買春などの非行に走る。そこで、性的被害を受けた女子非行少年たちには、「被害者であること」を十分に認識させ、傷つけられた心をいやす必要がある。廣井亮一家庭教育カウンセラーによると、「彼女たちにとって少年院は、心の傷をいやす場ではなく、自由を拘束され、罰を受ける場と認識され、さらに自罰的傾向を助長する結果になりかねない」と現実の視点から提言される。[9] 問題を起こした少女たちには、「あなたは被害者であると同時に犯罪者である」という矛盾したメッセージを伝えることになり、それは、司法の枠組みにおける臨床的関与を行う際の最も困難なアプローチになる、といってよいと考えられる。[10]

(4) 未成熟な親

児童虐待の心理的要因として、親世代の幼稚化現象が社会的に顕著である。幼い子が、生の感情をぶつけてわがままをいったり、だだをこねたりしながら、全身で親にぶつかっていくのが普通の親子関係である。子どもが親に頼り、その甘えを受け止めるのが、心身ともに成長した親の役割といえる。ところが、児童虐待のケースでは、親が幼い子どものように、わが子に対して自分の生の感情をぶつけ、激しい言葉で罵倒したり、時には感情のままに暴力をふるう。まるで、廣井氏も指摘するように、親が子どもに依存しているような関係にみえる。しかも、虐待する親たちは、自分が子どもの時には虐待親子関係にあり、親に十分に依存できずに成長しているケースが多いという。親の愛情に飢えていた子どもが親になった

とき、子を虐待するというのである。(11)

この未成熟な親の出現は、日本の戦後の家族法の革命的改正の視点からもうかがえる。戦前の家族の子どもは、「家の後継者」また「強兵」という国家的意味をもつとして「親」の心を支えていた。ところが、戦後は家族が民主化され、親も子も一人の人間としての存在にすぎない。しかも革命的とも言える急な民主化もあって、民主化された家族とはどうあるべきか、親と子の関係はどうか、市民社会の基盤もなかっただけに、近代家族、親子関係のモラルも社会に十分形成されないままに年月を重ねてきた。子は親の意思でどうにでもできるものという自分本位の子ども観が社会に定着してきたように思える。たとえば、離婚後養育費を支払わない父親の激増は端的にその実像をみせているといえよう。子は自分と異なる別人格の人間で、その人権が尊重されなければならないという意識が社会に育っていないともいえよう。

虐待を抱える家庭は、こうして夫婦関係も往々にして未熟であり——人間として、夫婦それぞれが大人として育っていない——地域社会からも孤立し、密室的な家族関係にあって、夫・妻がそれぞれさまざまな感情を子どもにぶつけやすい。

(5) 心理的暴力

法務省法務総合研究所は、平成一五年九月二八日までに、一八歳から三九歳までの市民を対象とした児童虐待に関する調査報告書をまとめた。それによると、回答者の七人に一人が家族から何らかの児童虐待を受けた経験があるということである。その中で、とくに顕著なのは、家族から傷つくような言葉を繰り返し言われるなど「心理的暴力」の被害が多いことである。心理的虐待は見落とされやすい。かつての厚生省調査によると、心理的虐待とは、「子どもに何らかの心理的苦痛を与えたり、子どもの情緒的な健康を損なう行為」と定義されている。[12] たとえば、直接子どもを虐待しなくても、夫婦仲が極めて悪く、顔を合わせれば喧嘩ばかりしているような家庭の中で育つことは、心理的虐待になりうる。ほかの虐待と違って心理的虐待は、親が無自覚のうちに、日常的に虐待を繰り返しているところにその怖さがある。[13]

さて、前の法務省の調査は、全国の男女一万五、〇〇〇人にアンケートを郵送、二、八六二人から回答があった。うち四四人から聞き取り調査を行った。この報告書によると、①家族から言葉の虐待など心理的虐待を経験した人は一〇・四％、②身体的暴力は五・三％、③食事をさせてもらえないなど「ネグレクト」と呼ばれる保護義務放棄は三・八％、④性的暴力は二・二％に上った（以上複数回答）。⑤また、いずれかの虐待を経験したことがある人は一四・五％に上った。その虐待について、身体的暴力や性的暴力は父親が加害者のケースが多く、心理的暴力は母親から受けるケースが多いという。また被害当時に「あればよかったと思う援助先」は、身体的暴力を受けた人では「家族」、心理的暴力では「身近な人」、ネグレクトや性的暴力では「公的機関などの相談窓口」を望む声が最も多かったというデータも注目される。法総研は、「非行に走る少年が虐待の被害者である例が少なくないとの視点を少年の処遇に反映させ、虐待被害者のニーズに合わせ相談業務を拡充したい」と述べているが（日本経済新聞平成一五・九・二九）、私は妥当な提言と考える。

6　むすび――虐待と子どもの死亡――

最近のデータとして、平成一六年の一年間に虐待を受けた一八歳未満の子どもが死亡した事例は四九件に上り、そのうち一二件は児童相談所や警察などの関係機関が事件前に虐待の事実や情報を把握していたことが、警察庁の追跡調査で明らかとされた。中には関係機関が警察への通報など必要な措置をとっていれば助かった可能性のあるケースもあるという。警察等によると、今回の四九件は、絞殺などの身体的虐待は四一件、食事を与えないなどの怠慢や養育拒否は八件、被害児童は五一人に上った（警察が摘発した児童虐待事件の被害児童総数は二三九人で、過去最悪を記録した）。殺人容疑などでの逮捕者六一人のうち、実母は二八人、実父は一九人、養継父母と内縁者は六人であった。

この報告では、被虐待死一二件は、児童相談所が何らかの形でかかわっていたが、家族の反発もあって訪問できなかったり、施設への入所などの措置を講じていても、判断を誤っての解除後や一時帰宅中に事件が発生しているのが特徴的である（朝日・日経平成一七・六・三〇夕刊）。

また、非行を起こした子ども（全国の児童相談所で、非行相談を受け付けた子ども）の三割が、親から虐待を受けた経験を持つことが、平成一七年六月二一日全国児童相談所長会の調査で明らかにされた。これは、全国児童相談所長会が前年一〇月、全国一八三カ所の児童相談所を対象に実施し、約九割から平成一五年度に盗みや家出・外泊などの非行相談を受け付けた約一万一、〇〇〇人について回答があった。内訳は六三％が男子で、一四歳以下が中心で、約七割が中学生であった。結果によると、親などから虐待を受けた経験があるのは三〇％、いくつかの種類の虐待を重複している例が多く、殴る、蹴るなどの身体的虐待が七八％、ネグレクト（養育放棄）が七三％、心理的虐待が五〇％、性的虐待が三一％であった。また養育者が途中で代わった子どもは四七％で、約四分の一は三歳未満だった。

また、子どもに心理的問題があるとした回答は八三％に上った。同会事務局は「虐待を防ぐことこそ非行防止につながる。非行少年の多くは心理的・精神的問題を抱えており、医療機関との連携の必要性が示された」とみている。この意味では親の子の虐待は社会的性格を持つといえると考えられる（読売新聞平成一七・六・二二、日経新聞平成一七・六・二七夕刊より引用）。

少子社会、そして子どもの人権が叫ばれている現代社会であれば、少なくとも「子どもの受難時代」といわれる問題はないのが普通と考えられるかもしれない。しかし、まさに受難時代を思わせる事件の多発である。社会の病巣の根深さを思わずにはいられない。

（1）砂金玲子『子ども虐待　アメリカの教訓』九頁。
（2）林弘正『児童虐待　その現況と刑事法的介入』四頁。
（3）林弘正・前掲書一〇—一一頁。
（4）高橋重宏・庄司順一編著『子ども虐待』八八頁。
（5）高橋重宏・庄司順一編著・前掲書八八頁。
（6）高橋重宏・庄司順一編著・前掲書二三頁。
（7）林弘正・前掲書三二頁注(7)。
（8）林弘正・前掲書三三頁。

(9) 廣井亮一『非行少年――家庭裁判官のケースファイル――』一六〇頁。
(10) 廣井亮一・前掲書一六〇頁。
(11) 廣井亮一・前掲書一九四頁。
(12) 廣井亮一・前掲書二九七頁。
(13) 廣井亮一・前掲書一九八頁。

第九章

少子化問題

1　深刻な少子（高齢）社会の現実

周知のように、現代日本は、少子・高齢社会である。高齢は栄養・医学の発達が主な要因と考えられ、「人間」の存在として歓迎されるべき現象であるが、反面少子社会は明らかに社会の活力に直接影響する重大事である。「人間」論として、この特異な少子化現象の要因・現状分析、その法・政策的対策などは、注目しないわけにはいかない。

最近のニュースによると、厚生労働省の「二〇〇二年国民生活基礎調査」では、主な高齢者世帯は約七一八万二千世帯、このうち一人暮らしが三四〇万二千世帯と約半数である。高齢者が一人でもいる世帯を分析すると、子供と同居しているのは約一、一二五万千世帯。このうち子供夫婦と同居する世帯は六二四万九千世帯と減少傾向にあるが、未婚の子と同居しているのは五〇〇万二千世帯もあり、九〇年に比べると倍増という現象である（少子化の現実的要因である）。ちなみに、児童のいる世帯は少子化の影響で約一、二七九万七千世帯で全世帯の二七・八％、そして世帯の平均児童数も一・七四人と過去最低を更新した。

注目されるべきことは、未婚の子と同居している高齢者の三八・一％が生計を支えているということである（日本経済新聞平成一五・五・二九）。ここに、現代の家族生活の特徴がある。

恐らく高齢者の収入源は年金であろう。老親に頼る子供が増えていることは、決して正常な社会現象とはいえない。

さて、国立社会保障・人口問題研究所がまとめた「二〇〇二年出生動向基本調査」によると、結婚して五年未満の若い夫婦が予定している子供数は一・九九人で、初めて二人を割り込んだことが明らかになった（前掲紙平成一五・五・二九）。急速に進む少子化の実態が浮かび上った。実際に出産された子供数は、三〇代前半の夫婦で一・五二人、三〇代後半でも一・九〇であった（平成一五・五・二九）。これを二〇〇二年の全体の出生率でみると、女性が生涯に産む子供の数を示す出生率（合計特殊出生率）は一・三二と過去最低を更新した。昨年の一・三三を下回り、少子化に歯止めがかかっていない。東京都は一・〇二と全国で最も低く、最も出生率が高いのは沖縄の一・七六となっている（厚生労働省発表の人口動態統計より）。

さらに、平成一六年の出生率は一・二八九となり、四年連続で過去最低を更新した。この少子化は政府の想定を上回るペースで進んでいる。政府の推計によると、日本の人口は〇六年（平成一八年）にピークを迎え、翌年から減少に転じる見通しである。

しかし、平成一七年、明治三二年に統計をとって以来、初めて人口減少となり政府の予想より二年早まった（日本経済新聞平成一七・一二・二）。

出生率は、一九七五年に一・九一を記録してからは、長期的に人口を維持できる二・〇七を常に下回っており、平成一六年の出生児は約一一一万人と過去最小である。

また、最近のニュースによると、児童生徒が減少する少子化の進行で、過去一〇年間に全国二、一二五校が廃校になっているという（文科省によると、平成四年度から一三年度の一〇年間の全国での廃校総数は、小学校で四九九校、中学校四七六校、高校一五〇校の計二、一二五校となっている（産経新聞平成一五・六・五））。こうして少子化は止まりそうにない状況にある。

2　少子化の要因

この問題の性格は多様である。以下、現代的に注目される要因にしぼりコメントしたい。

(1)　夫婦の自己決定による出産

かつてのように、子は家の跡継ぎ、また国策的に「産めよ増やせよ」の時代ではない。現代の家族は夫婦主体の家族——子を産むかどうか、何人子を産むか夫婦が決める——である。その意図は、夫婦は子どもを少なく産んで十分に子どもを教育し、幸福に育てる。これが近代家族のイメージといえる。少子化は、近代家族として当然のことである。

日本の家族の近代化は、敗戦後の民法改正によって革命的に実現した。近代家族がにわかに実現したこともあって、近代家族の性格・モラルの理解も不十分なままで、社会にその実像が見え隠れする。近代家族とは、親も子も相互に自立した生活を営む。ところが、少子化のせいもあって親の過保護、子どもが自立したがらない家族が増加しつつある。近代家族としては異常な形態といわざるをえない。

(2) パラサイト・シングルの出現

いま社会に定着している外国語といえる。「パラサイト」とは「寄生」を意味し、親と同居したり生活を援助してもらったり、要するに親から自立していない若者をいう。山田昌弘（東京学芸大学）教授が一九九九年一〇月『パラサイト・シングルの時代』という著書を出版し、その中で使い始めた言葉から始まる。山田教授は「パラサイト・シングルが日本を滅ぼす」というショッキングな論文も発表されている。[1]同著によると、二〇—三四歳の親と同居している未婚者は、一九九五年の段階で、すでに約一、一〇〇万人、二〇〇〇年は一、二〇〇万人弱、日本の人口の一割になると推定され、この数は、八〇〇万人といわれる専業主婦の一・五倍という。[2]彼らの人生の特徴はどうか。①経済現象からみると、彼らは、不況下の日本経済にあって消費の主役で、いまやもっとも豊かな層になっている。その理由は、食・住という基本的生活コストをほとんど負担しないことにある。都内で親と同居する二〇代の女性の約四割が、親に全くお金を渡していない。また、身の回りの家事は、男女とも未婚者の約八割が親にまかせきりで、それに個室保有率も九〇%を超えている。夜遅く帰っても温かい食事が用意され、風呂も沸いている。まさに親に尽されることに慣れているのが、現代のパラサイト・シングルである。②彼らにすれば、当然結婚後も豊かな生活が続くことを期待しよう。しかし、現実はそう甘くはない。共稼ぎとなり、生活レベルが確実に下がることは間違いない。とくに、夫の収入や地位によって自分のアイデンティティ(存在証明)を確立する女性にとっては、結婚は、新しい人生の始まりを意味する。夫に父親以上の経済力がなければ、パラサイト・シングルの女性には「結婚は貧乏の始まり」ということになる。しかも、父以上の収入のある男性はそう数多いとは思われない。こうして親元で、楽で豊かな生活を送っている男女は、ともに結婚し難くなる。(3)

そして、社会的に注目される現象が「増えるパラサイト同棲」である。結婚はしない、しかし同棲は拒まない、いや増えている、というのである。その理由は、端的にいうと「結婚のように堅苦しく考える必要はない、いつでも別れられる」、という両性の性的関係処理にある。しかも、その中で目立つのが親に依存しながら同棲するカップルの増加というから、尋常ではない。その背景として山田昌弘教授は、親の価値観の変化に注目される。いまの親世代は「神田川」がヒットした七〇年代に青春を過した世代で、同棲を経験した人もいて抵抗感が少ない。さらに、最近では近所との関係も薄くなり、世間体を気にする必要もなくなったというのである（日経新聞平成一五・五・二八夕刊）。それに、山田教授は、少子化で子どもが減り、『かわいい我が子から嫌われたくない』、『部屋も余っており、子どもに出て行かれると淋しい』などと親の甘やかしが、この同棲を後押しする、とコメントする。かつては同棲は親に内緒だった。いまやそれが親にも公然という変化である。一方、子どもにもそれなりの事情が主張される。いわく「景気が悪化し、経済的自立が困難だ」ということで甘い親にすがる。子どもができたらどうするか、親は孫が可愛いから、親に育ててもらうということであろう。しかし、親は一年一年年老いる。いつまで親に依存できるか。親子双方の自立がないと、親子ともに不幸な人生を送りかねない。

(3)　膨らむ子育てコスト

少子化の原因の一つとして、子どもの教育費の負担の重圧が近年にわかに注目されている。家計消費に占める養育費の割合は、日本（世帯主が四〇―四九歳）が九・八％、アメリカ（三五―四四歳）の一・四％、イギリス（三〇―四九歳）の二・〇％と比較し、世界的にも突出している（東京の小学生は五年間で一四％減った。しかも、二〇〇三年度都内の私立中学校で、学費値上げ校が一七八校中四七校。少子化で私立中の競争が激しく設備投資に熱心である。それでも親は進学目的で有名私立中に子どもを入れる)。一般に、子ども一人の小学校から大学までの教育費は、すべて私立なら約二、五〇〇万円、全部国公立でも約一、〇〇〇万円かかるといわれている。それに、内閣府の研究会報告(二〇〇一年六月)による、子育てのために女性が仕事を中断することで、得られるはずの生涯収入一億八、六〇〇万円(標準ケース)を加えると、大学卒業まで約二億円が家計から奪われることになる。これでは、国立社会保障・人口問題研究所発表の調査報告による「理想の数だけ子どもを持てない第一の理由は、教育に金がかかりすぎる」、という見解が真実性をもつことになる(朝日新聞平成一五・六・一)。

かつては、親は無理をしても子どもの教育費を負担し、公然と教育費を問題とする声も聞かれなかった。もっとも、教育の目的は、むしろ「親」、「家」のためという時代もあった。夫婦主体の近代家族では、子の出生も子の教育の視点からとらえる。しかも、その視点も夫婦が主体的に決める。子の幸福、それに夫婦の幸福・老後自立を考えると、子の出生にも経済的判断が大きくかかわってくることは現実的に避けられない。

こうした社会背景のもとに、結婚・出産・教育などの人間生活・行動を経済学的手法によって学問体系化した学者が、一九九二年ノーベル経済学賞を受賞したシカゴ大学のベッカー教授である。いまや子育てや教育問題も、こうして経済学の解明の対象とされる時代である。

ベッカー教授によれば、出産・育児については、子どもを耐久消費材に準じて考える。そして、育児の楽しみ、子どもがいることの精神的・経済的利益と、育児・教育に要するコストとの差（子育ての純利益）によって出産・育児が決まる、という見解が主軸のようである(4)（この見解について、育児の楽しみ、子どもがいることの精神的利益などを具体的にどう算定するか知りたいところである）。

さて、現代社会では、男女の賃金格差が縮小し、女性の高学歴化、高賃金化が進行している。したがって、経済的にみても子育ての機会費用は高まっている。しかし、反面老後の子どもへの経済的依存は低下している。したがって、両者を比較検討しても、結婚の高齢化もあって、子どもを持つ経済的利益は一般に低下しているとみられる。もっとも、実際に多くの男女は、結婚とか子育ての利益を一つ一つ計算して純利益を計ることなど考えてはいまい。それでも、社会状況、それに個人の家族的環境によって結婚の純利益が変化してくることは間違いない事実である。したがって、男女はたとえ大づかみであっても、あるいは直観的かもしれないが、男女は子の出産・育児の利益、それに夫婦の個人的利益などを比較考量しているることは間違いないといえよう。そして、男女は意識的、あるいは無意識的に、結婚・子育ての純利益が減少しているとみる傾向が強まっているとみてよいと考えられる。

しかも、子どもが少ないから子育て費用がかからないということではない。少子であればあるほど、子に教育その他の資金が集中する。そして、さらに少子化が進む。このように、少子化に拍車をかけて止まらない。現代社会は、いわば少子化が再生産される構造となっている状況にある（小塩隆士教授の見解である――朝日新聞平成一五・六・一）。

3　働く女性ほど子どもが多い

二五―三四歳の女性の労働力率が八〇％のスウェーデン、ノルウェー、ベルギーの出生率は、六〇％の日本やイタリアより子どもの出生率が高い。柏木孝子教授（文京学院大学）の見解によると、「仕事に就くことで生きがいも増し、所得が上がる。第二子、第三子も可能な好循環が生まれる」と説く（前掲朝日平成一五・六・一）。

これまで、「豊かになれば子どもが減る」が学説の通説であった。それがスウェーデンで破られた。竹崎孜教授（常磐大学）によると研究のきっかけは、①失業や低所得が女性自身の経済状態を脅かすと出生が減る傾向に気づいたこと、②一九九〇年を境に女性の間で失業が増えるのにともない出生率低下がみられた。逆に就労する女性が多いと出生率は高まった。また、所得差からもこの視点が裏づけられた。所得がゼロの女性が年一子を出生する出生率を一とした場合の出産指数は、年収千―四万九千クローネ（一クローネ＝約一三円）で一・一七、五万―九万九千クローネでは二・〇七、一〇万―一四万九千クローネは三・〇〇、こうして高所得と高出生率の一致が具体的に解明された。この国では女性が育児のため家庭にとどまるのは、もっぱら授乳に必要な期間にとどまる。あとは定年の六五歳まで働く。注目されることは、導入から二五年の歴史を持つ育児休暇は、両親保険との正式名称を持ち、社会と人びとのライフサイクルにすっかり定着した制度となっていることである。仕事を休んでも給与の八〇％が保障されるから、みんなが休暇を利用している（日経新聞平成一一・一〇・二九夕刊）。日本でもこの視点がようやく注目されてきた。武石恵美子助教授（法政大学）の見解によると「専業主婦が子どもを多く生んでいるかというとそうでない。その背景には経済的不安が大きいと思われる。先進国をみると、女性の労働力率が高い国ほど出生率も高い傾向がはっきりしている。日本でも出産後も働き続ける女性が大勢になれば、育児休業を取りながら働くのがごく普通のこととなり長期休業への抵抗感もなくなる」と述べる（前掲紙）。

日本では、平成一七年七月二九日に発表した二〇〇五年（平成一七年）版の厚生労働白書では、出生率が働く女性にアップしていることが報告された（朝日新聞平成一七・七・二九夕刊）。これは、社会保障における「地域差」に焦点を当てたものである。一口でいうと、三〇歳代前半の女性の労働力率（人口に占める就業者と職探しをしている女性の割合）が高い都道府県ほど合計特殊出生率（日本人女性一八が産む子どもの平均数）が高い傾向にあることが明らかになった。出生率上位には、労働力率が六五％を超える宮崎、鳥取、山形、熊本が並び、下位には、五〇％前後の奈良、大阪、神奈川、埼玉、千葉、兵庫と並んだ。研究者間でも、「育児をしながら働く女性のニーズに応えれば、出生率に好影響を与える」といわれている。育児をしながら働く女性とは、一般的には夫婦の共稼ぎ、それだけ収入も多い夫婦と考えられよう。二〇〇五年度版の国民生活白書によれば、年収四〇〇万円未満の世代では、子どもの数ゼロの世帯割合が二〇％強と、他の所得層よりも圧倒的に高い（日経新聞平成一七・八・一二夕刊）。専業主婦と共稼ぎだけを比較すると、「共稼ぎの方が多く子どもを産んでいる」、という。国民社会保障・人口問題研究所第一二回出生動向基本調査によると、結婚一〇―一四年の専業主婦の子どもの数は平均二・一一人、就業継続型の共稼ぎ主婦二・一九人というデータも注目されよう（日経新聞平成一六・九・七夕刊）。このデータからも、専業主婦家庭では家計のやりくりが厳しく、出産の抑制に走る、という実態が明らかである。少子化の解決には、ひろくいって女性の雇用問題――子を産んでも働ける雇用環境の確立――が基本テーマであり、それにからんで保育所も同じ視点からの充実、それにメディアがよく取り上げる「夫の育児休暇制度」の社会的定着などが、常識的にとりあげられよう。

その他厚労省は、公的医療保険から給付される「出産一時金」を二〇〇六年一〇月から、子ども一人につき三五万円に増額した。また、これに各健康保健組合の判断で上乗せできる裁量権も拡大した（日経新聞平成一九・一二・一二）。

4　老いゆく日本

近代家族像として、一般に少子化は正常な社会現象といえる。しかし、日本の場合、少子化が急激に進んでいること、同時に高齢者社会も拡大しつつあることもあって、少子・高齢化問題は、経済の停滞、介護、医療費負担、年金崩壊など、まさに国政の重大な問題となっている。しかし、注目される異色の学説（古田隆彦著『少子国家こそ二一世紀の先進国』）もないこともない。[5]それは、人口が減ることによって、資源、エネルギー、食糧、環境という、二一世紀最大の問題が緩和される、とみることにある。いわば、人口問題の発想の転換といってよいと思われる。それにしても、高齢者問題をどう考えるか。この問題の解明ぬきには、この学説も成立しない。また理解されえまい。

戦後、政府は「夫と妻、子ども二人」の家族を「標準世帯」と定義した。これは旧法の「家」時代の大家族に代わる近代家族の「モデル」を国民に示す、という意味をもつ。しかし、その実態は標準から遠い。政府のいう標準世帯は全世帯の三二％にすぎず、国立社会保障・人口問題研究所によると、二〇〇七年には一人暮らしの「単独世帯」に追い越される。そして、この年、総人口は減り始める。まさに日本は大きな岐路に立つ。

これを「家族の絆」という面からみると、日本大学人口研究所によると、「二〇〇五年には家族による介護能力は世界最低になる。高齢者一人に対して成人した娘や息子の嫁が何人いるか、九〇年には約一・三人と高水準だった日本だが、二〇〇五年には〇・七七人となる」という（日本経済新聞平成一六・八・二三）。しかし、年々少子化が進む反面、高齢者は増加の一途である。六五歳以上の高齢者が総人口に占める割合は、現在約二割。これが寿命の伸びも手伝って、二〇年後の二〇二五年には三割近くになる。一方少子化で一五―六四歳の割合は六六％から六〇％に減る（日本経済新聞平成一四・一・二六）。しかも、日本の高齢化のペースがいかに速いか。六五歳以上の人の割合が一〇％から二〇％になるのに要する年数は、ドイツが五七年、イギリスが八〇年と見込まれているが、日本はわずか二一年で到達する（朝日新聞平成一七・八・二二）。この急速な高齢化のテンポの背景には、生まれる子どもの数が減りつづけていることがある。少子化対策はもちろん重要であるが、仮に出生率を上げえたとしても、社会制度の支え手になるまでには長い時間がかかる。高齢者の数がピークを迎える二〇年後には間に合いそうにない。

古田隆彦教授の「少子国家」こそ二一世紀の先進国である――との学説を検討してみる。この学説では、まず「高齢者」の社会的地位がどう理解されるか。この問題も無視できない。平易にいえば、「高齢者」とは「お年寄り」と同義語で、最近は、この「お年寄り」の言葉は聞かれなくなった。一体、現代の平均寿命からいって、何歳以上が思い浮かんでくるであろうか。たまたま、朝日新聞の全国世論調査（面接）で聞いたら、六五％の人が七〇歳以上の年齢を挙げ、七〇歳未満の年齢を挙げた人の三一％を大きく上回った。八二年と今回の調査結果を比べると、六〇歳代を挙げた人は四七％から三〇％に減り、代わって七〇歳代を挙げた人が四五％から五四％に、八〇歳以上は二％から一一％に増えた。七〇歳以上の年齢で線引きする人が、女性では七割を超えるのに対し、男性は六割に届かなかった（朝日平成一五・六・二〇）。

このように、七〇歳以上を高齢者とみることとは、平均寿命から当然のことである。すでに古田隆彦教授は、高齢者とは六五歳から七五歳へと段階的に引き上げていくことが妥当と提言されている(6)。その根拠について、同教授の見解によると、六五歳以上を「高齢者」と定義したのは一九六〇年代である。それを社会がこれほど変化した四〇年後になっても変えないというのは、どう考えても不合理ではないか、というのである。そうはいっても、人の年齢だけでこの問題はとらえられない。雇用、それに、福祉など社会的に重要かつ複雑な問題がからんでくる。まして不況の経済状況では、高齢者の雇用は難しい。それでも現代社会の構造を考えると、まず六〇歳、六五歳以上の人たちが働ける職場や仕事を創出し、働きやすい環境、就業条件の整備こそ望ましい。前掲の古田説での、「一つには、正社員とパートとの区別を撤廃したオランダモデルを取り入れること、そしてさらに定年制を撤廃すべきだ。正社員とパートの差別をなくし、年齢や性別、身体的ハンディキャップのボーダーのない就業形態、労働組織をつくり上げれば、人口減少に対する労働力は十分確保できるはず」との見解は、[7] 確かに説得力がある。年金制度も、就業の社会的仕組みと切り離して、その妥当性は考えられない。

しかし、問題は立法政策にかかわる。高齢者の定義も、国民感情にとけこみ社会的にも成熟することが現実的に前提とされよう。私は人口問題の専門ではないから、これ以上具体的に述べえない。しかし「時代環境が大きく変わっているにもかかわらず、従来の社会、経済、企業の仕組みをそのまま続けようとすれば矛盾が出るのは当然で、そういう発想である限り、人口減少はマイナスだという見方しか出てこない」、という古田教授の見解を支持し、[8] 同じ趣旨の提言としたい。

5　少子化対策法が成立

(1)　少子化関連法案

日本でも、ようやく少子化関連の対策として少子化現象に対して、国としてその基本理念を示す「少子化社会対策基本法」案と、そのための具体的な手法を盛った「次世代育成支援対策推進法案」が国会で審議され、国の立法の対象とまでなった。「法案提出から三年半。ようやくここまでこぎつけた」とは、少子化社会対策議員連盟（加盟二〇七人）の事務局長の荒井広幸衆議院議員の感想である（同連盟が少子化社会対策基本法案を国会に初めて提出したのは九九年一二月、平成一五年七月二三日に参議院を通過し成立した）。基本法は、少子社会をどうとらえ、今後どう対処するか、その理念や施策の大枠を示すものである。その審議プロセスは、「子どもを生む生まないは個人の選択による」という見解と「戦前を彷彿《ほうふつ》させる、子を生み子を育てる奨励策に読める」との見解が対立し、内閣委としてこの点に意見が集中した。このため同連盟は、平成一五年六月六日に反対派の意見を入れ、前文に「結婚や出産は個人の決定に基づく（後略）」と明文化した修正案を出し、内閣委での可決のめどがたった。そこには、出産という個人的な領域にまで国が踏み込むことに女性を中心とした社会的にも強い反発があった、ということが注目される（日経平成一五・六・一一夕刊）。もっとも、修正案提出後も一部の女性にはなお不満がくすぶっている。たとえば、国民の責務の確定――「子どもを生めとはいっていないが、安心して子を生み育てられる社会の実現に資するよう努めるものとする」――が注目される。日本家族計画協会（東京）参与の芦野由利子さんによると「法案全体は暗に国民に子どもを生むことを求めている。女性の自己決定権を尊重する一文を加えたというが、本当に理念を理解しているとは思えない」と強調する。また基本法は、母子保健医療体制の充実等に関し、「不妊治療を望む者に情報の提供、不妊相談、不妊治療にかかる研究に対する助成等必要な施策を講じる」と規定する。この規定に対し、不妊の当事者から「人口を増やすために、不妊治療を奨励するように読める」と一斉に反発の声が上がったという。また、不妊の人達に対して、「なぜ子どもをつくらないのか。子どもを生むのは国民の義務だ」、「子育て責任を負わない人は、老後の介護を受ける資格がない」と、不妊の人たちの自助グループ――フィンレージの会（東京）の会員女性が、周囲の人達から圧力を受けたともいう（日経平成一五・六・一一夕）。こうした強い反発を受け、立法者は修正案と同時に付帯決議を決め、そこでは「不妊の施策は、当事者の心理的負担にならないよう配慮する」との項目を緊急導入した。これに対して、前記のフィンレージの会の有志グループは、「付帯決議は条文ではない。大事なことならなぜ条文に載せないのか、少子化対策の一つに不妊治療が位置づけられる構造は変わらない」と不快感を隠さない（前掲日経紙記事）。

(2)　少子化対策基本法の要旨

少子化社会対策基本法の骨子はつぎのとおりである。①前文　結婚や出産は個人の決定に基づくが、子どもを生み育てる者が、真に誇りと喜びを感じることのできる社会を実現し、少子化の進展に歯止めをかけることが、今、我らに強く求められている（注）いかにも抽象的でよくその意味が理解できない。もっと具体的に少子化解消の目的が明確にされて欲しい）。②基本理念　父母その他の保護者が子育てについての第一義的責任を有するこの認識の下に、家庭や子育てに夢を持ち、かつ、次代の社会を担う子どもを安心して生み、育てることができる環境を整備する。③国民の責務　国民は、家庭や子育てに夢を持ち、かつ安心して子どもを生み、育てることができる社会の実現に資するよう努める（注）基本概念と国民の責務はほとんど変わらない。本来少子化対策であれば、子どもを産むことを国民の責務として明記すべきである。しかし、そこまで踏み込むとなれば、不妊治療の人工授精・体外授精についても触れなければならない。子を産むことは夫婦の自由といっているのはこの問題を回避しようということである、この法律は産んだ子の育て方に国、自治体、企業などが積極的に協力すべきことを説いているにすぎない。この意味では、間接的に少子対策にとどまっているといわざるをえない）。④雇用環

境の整備　育児休業制度の整備、労働時間の短縮の促進、再就職の促進等による多様な就労の機会の確保のため施策を講じる。⑤保育サービス等の充実　病児保育、低年齢児保育、休日保育、夜間保育、延長保育と一時保育の充実に必要な施策を講じる。⑥母子保健医療体制の充実等　不妊治療を望む者に、不妊治療にかかわる情報の提供、不妊相談、不妊治療にかかわる研究に対する助成等必要な施策を講じる、などとなっている（朝日新聞平成一六・七・二三）。

さて、少子対策基本法は、右にみたようにきわめて抽象的規定でしかない。この基本法がどのように政策として現われるかが、具体的に注目されるテーマといえよう。

確かに、近代社会では、子を生むかどうかは、個人の自由である。しかし、日本の少子化、それに高齢化のスピードは世界でも例をみない。周知のように、日本の人口は、二〇五〇年には一億人、これはピーク時の七九％、そして二〇二五年には六五歳以上の高齢者の割合は三分の一に達すると予想されている（朝日新聞一七・八・二）。こうした現状、将来の社会構造を分析すれば、私は、この基本法の理念は妥当であろうと考える。まさにその前文に謳われているように、「……子どもを生み、育てる者が真に誇りと喜びを持てる社会の実現こそ」現在の義務と思われる。もちろん、子育ての社会的保障の立法的はその前提として当然のことである。

なお、改めてなぜ現代人は子を生みたがらないのか、その現実的要因の解明も一層の社会的急務と思われる。

親が年老いても、子どもに扶養を頼れない。このことが、少子化の現実的要因の一つであることは疑いない。老親も「自助」しなければならないが、ここに一つの興味ある活動がある。それは、「老いては子に従った」はずの江戸時代の高齢者も、自分の老後は自分で守った、ということである。「カギ」となったのは「契約」という概念で、「跡継ぎと契約書を交わして隠居生活の保証を得たというもので、この江戸の知恵は現代にも通ずるものがある。高木侃《ただし》関東短大教授の研究から明らかにされた。

同教授によると、

① ある程度の農地を所有した親が隠居するとき、「一定面積の土地、たとえば全体の一〇%—三〇%程度を、隠居の生活保持のために留保することが通例で、これは全国的にみられる慣行であった。

② 金銭や現物の給付を規定することもあった。一七四七年上野国甘楽郡譲原村（群馬県甘楽郡）の老女の隠居契約証文には、第一に、息子たちが預かっていた亡き夫の遺産金を自分に渡すこと、第二に、日常生活に欠かせない燃料の薪木の自分への提供が定められ、第三に隠居屋敷は、二人の息子の中間地と定め、「スープの冷めない」距離で生活の面倒をみるこ

とを約束させた。

③　子が契約を履行しないとき、親はどうしたか。奥州東村上郡久野本村（山形県天童市）の例で、隠居介抱金を滞らせた跡継ぎを名主に訴え出た（一八一六年）。そして、改めて毎月「金二分二朱と米一俵」を渡す契約を名主のもとに差し出して和解したケースがある。

現代では、むしろこうした親子間の文書の契約はみられないといってよいが、この江戸の庶民の親子紛争予防の知恵は、現代の相互自立の親子関係では注目されてよいと思われる。子は単純に親の遺産を相続するだけではない。遺産相続にはその対価としての子の役割があるはずで、これを文書の契約とすることは、近代家族も必要とする方式と考えられる。この親子間の合理的関係が社会に定着すれば、少子問題の解決にも家族的に寄与することになるのではないか、その視点からこの江戸時代の話題をとりあげた（高木侃「江戸時代の高齢者「老後の自衛に子と契約」日経平成一三・七・二六夕）。

６　少子化・高齢化の絡み合い

(1)　「育児」「介護」は労働

少子化・高齢化にはそれぞれ特有の問題があるが（たとえば、高齢化では、高齢者の年金、医療、介護、また仕事の問題もある。これに対し少子化では、産婦人科・小児科医の減少、学校問題――私立の廃校、公立の統合、それに、将来の労働力不足など）、しかし、現実の社会では、両者は絡み合って社会的に問題を提起する。しかも、その絡み合いは、年を経るごとに深刻さを増す。高齢者の寿命は伸びる、これに対して、少子化は急テンポで進行している。この絡み合いでは、少子化の歯止めこそ社会の基礎テーマと考えざるをえない（前述の立法された基本法もその理念にたつ）。「子育て責任を負わない人は、老後の介護を受ける資格がない」とまでいわれる深刻さである（日経前掲平成一五・六・一一夕刊）。この批判は、ある意味では真実である。子どもが成長して社会的に働き年金その他財源を生み出す。ところが、子どもがない夫婦が高齢者になったからといって、他人の子の生み出す財源の年金を受けとることは公平ではない、という見方も考えられる。それほど少子化は将来的に深刻である。高齢者にしても、年金のカット、医療費の自己負担増も免がれえない現状である。

近代国家では、子を生む生まないは、個人の自由である。税負担――子のない夫婦は、子のある夫婦よりも税負担が重い――にしても、重く給付している以上、老後年金として当然還元されるべきである。しかも、この問題は税のみの問題ではない。老後の人権として長年社会に寄与してきたことからも年金の受給の根拠が考えられる。しかし、少子問題は将来の労働力の担い手として重要であることはいうまでもない。国の政策は、産みたくても産めない夫婦に対して、安心して産める環境づくりにこそあると考えられる。具体的には、①いまだに日本社会では根強い男女の固定的な性別役割分業を見直す、②職場における仕事と育児の両立支援、③出産・育児のために退職しても再就職に不利にならない労働市場の実現、④家事や育児の男女共同参画、⑤低年児保育サービスの充実、⑥子育ての経済的負担を支持する税制・社会保障の検討、などが政策的に考えられる。これらはすでに社会的にも提言されており、早急な立法的検討が望ましい。

子どもを産み、育てる。家族の介護をする。家庭の中で一般に女性が無償で担ってきた働きを、ドイツでは労働と評価して、年金額に反映させている。ドイツでは、生後三年の育児期間は、年五万三千マルク（約三二〇万円）の平均賃金の九〇％の収入があるとみなして、保険料を支払わなくとも、年金の期間に数えられる。育児＝労働は、仕事の有無にかかわらず適用される。男性も同じだが、実際に適用を受けるのはほとんどが女性だということである。

かりに女性が二年で仕事に復帰すると、残り一年は、仕事と育児の両立が、年金にも反映される。仕事分に育児分が年金算定の上限額（平均賃金の約二倍弱）まで足される仕組みとなっている（ドイツ労働省によると、いま七七〇万人が育児を通算して年金を受けとっている。ドイツでも財源不足から年金水準の引き下げの傾向にあるが、育児期間の算入は拡大している）。同じように、家族の介護も「労働」とみなされる。なお、連邦統計庁によると、三歳未満の子を持つ妻の四割は、仕事をしている（三年仕事を休んで復帰するのは大変で、復帰したとたん首になることもあるという）。ドイツでは、その後二〇〇〇年に日本の育児介護休業法に相当する「連邦育児手当法」を改正し、「休暇」の表現も「親時間」と改めた。この親時間は、子どもが三歳になるまでの三年間妻も夫も取得できる。注目点は、両親が同時に親時間を取得できることである。たとえば、子どもの世話を午前中は父親、午後は母親、あるいは月、水、金は母親、火、木、土は父親というような選択も可能になる。この方式は、収入の目減りを防ぎながら夫婦で育児を分担できるという長所がある（その解説については、朝日平成一一・八・二三。日経平成一五・七・七の二つの記事にルポによる要を得たコメントがある）。

高齢者問題と少子化問題の絡みは、まず少子問題の解決こそポイントであることが明らかである。

(1) 山田昌弘「パラサイト・シングルが日本を滅ぼす」川本敏編『論争・少子化日本』所収七〇頁。
(2) 山田昌弘・前掲論文七一頁。
(3) 山田昌弘・前掲論文七一頁。
(4) 川本　敏「少子化を考える」川本敏編・前掲書二一五頁。
(5) 古山隆彦「少子国家こそ二一世紀の先進国」川本敏編・前掲書一一二―一一九頁。
(6) 古田隆彦・前掲論文一一二頁。
(7) 古田隆彦・前掲論文一一二頁。
(8) 古田隆彦・前掲論文一一三頁。

第十章

エピローグ
――家族共同体論の台頭にとまどう――

1　近年の家族破綻現象は、戦後の民法改正によるものか

確かに、これまで述べたように、親の子の虐待、放任、夫婦間の暴力問題などで、家族破綻現象はいまや社会に隠しきれない。また一方では親の子の過保護による晩婚化、また仕事もせずに気ままに生活する若者も増えている。また、かりに結婚しても離婚するカップルが増えている（もっとも、厚生労働省が二〇〇四年一月に公表した人口動態統計の年間推計では、二〇〇三年の離婚件数は一三年ぶりに減少に転じる見通しである。実際に離婚件数は二八万六、〇〇〇組、前年より四、〇〇〇件減る見込みという。しかし、婚姻件数も晩婚化や未婚化の影響が続き、前年より二万ほど少ない七三万七、〇〇〇組に見込まれる（日経新聞平成一六・一・一）。したがって離婚の現象もそう単純に減少と受けとめられるものではない）。

さて、戦後の民法改正は、ＧＨＱ（連合国総司令部）の占領政策によって、しかし主に日本の民法改正委員の論議を経て成立した。司令部の判断は、「家族法の近代化・民主化はむしろ日本人自身の問題と考えるべきもので、東洋の国に西洋的な家族関係の思想を標準として押しつけるようなことは賢明とは考えなかったから命令しなかった。従って臨時法制調査会が「家」制度の全廃を多数をもって決議したと聞いたときは非常に驚いて……」と奥野健一

民事局長は述べている[1]。民法改正の主たる委員は我妻栄・中川善之助の両先生で、日本の民法学の権威者であった。審議わずか二年の期間を経て革命的に改正民法が成立し施行された。長年封建法が根づいた家族社会を一挙に近代化しようとした。

この法改正はなにをもたらしたか。人びとの意識には封建法も消えず、反面、歳を重ねるごとに、個人本位——無責任な家族・親——が社会に表面化している。とくに近代化を個人本位と解した人びとから社会問題が提起された。たとえば、

① 民法は離婚を難しくしないようにと、先進国に例のない協議離婚を認めた。本来、協議離婚は、市民意識が根づき両性平等が定着している社会に認められるべき制度である。ところが、当時の民法改正委員は「家」からの解放だけの個人本位で協議離婚を認めた。そして実際には、親権の奪い合い、そうかと思うと養育費を送らない無責任な父親が輩出した（厚生労働省の全国母子世帯調査によると、二〇〇三年一一月一日現在で、離婚による母子世帯約九七万八、〇〇〇世帯のうち約三分の二は、子の養育費の額ないし支払方法などの取り決めをしておらず、また、実際に「全く養育費を受けたことがない」が六割以上にも上った（日経新聞平成一七・四・七）。この傾向は戦後早くからみられ、さすがに厚生省も昭和五九年に離婚制度研究会を設けた。私もその委員の一人として養育費の強制履行問題を検討し、その必要性の方法などについて提言をまとめた。そして、平成一七年四月一日施行の改正民

事執行法により、養育費の支払いが滞ったとき、受け取る側の親が裁判所に申し立てた場合、支払う側の親の資力などを判断し、裁判所は制裁金の額を決め、その支払いを命ずることとなった。なお養育費支払いについては、平成一六年四月から、支払われない際に、裁判所への一回の申し立てで、将来分まで毎月の給与を差し押さえることも可能となった（前掲紙）。それまでは、過去の滞納分しか差し押さえられず、滞るたびに申し立てなければならなかった。また差し押さえ可能な範囲も、給与の四分の一から二分の一に引き上げられた。こうして、養育費強制問題は、やっとここに形が整った。立法者は少子化問題が顕著になって、ようやく一つの問題を解決したということであろう。そこには、市民としての親の意識もなければ、「家」から解放された親は、家庭でも「親」意識が育っていない。

② 右の養育費問題にとどまらず、親の子に対する虐待の増加も当然のことかもしれない。しかも性的虐待は表面化している。その深刻さといえば、二〇〇四年の一年間に虐待を受けた一八歳未満の子どもが死亡した事件は四九件もある。そのうち一二件は、児童相談所や警察などの関係機関が事件前に虐待の事実や情報を把握しておりながらである。警察庁によると、この四九件のうち、絞殺などの身体的虐待は四一件、食事を与えないなどの怠慢や養育拒否は八件、である。殺人容疑などでの逮捕者など六一人のうち、実母は二八人、実父は一九人、養継父母と内縁者は六人であった。そしてそのうち一二件は、児童相談所などの関係

機関がなんらかの形でかかわっていた。しかし、事件発生を防止できなかった。

③　この問題を思うにつけ、「親権」の根本的見直しが立法的に必要と思われる。親の養育義務を果していないにかかわらず、親権者として子どもに対し絶対である。虐待の情報があっても家族の反発を受けて家庭訪問もできなかった。児童相談所が虐待の疑いがある家庭などに直接立ち入り調査の必要性があっても、親が拒めば立ち入りできない。この点は児童相談所の最大のネックとされている。二〇〇二年の厚生労働省の調査でも、二〇府県、家庭立ち入りゼロ、しかも虐待相談が最多の大阪でもゼロで、児童相談の実があがっていないことは明らかである（朝日新聞平成一六・一・二九）。

④　虐待は高齢者にもおよぶ。厚生労働省の二〇〇三年の全国初の調査（東京都千代田区長に調査を委託。訪問看護事業者など約一万七、〇〇〇を対象に、二〇〇三年一〇月までの一年間に高齢者を虐待したとみられる事例を調査した。このうち、在宅介護支援センターと居住介護支援事業所のケアマネジャーが回答した六五歳以上の一、九九一についてケースを分析した。

この一、九九一人のうち、七五歳以上八五歳未満が被害者のケースで四三％を占めた。そして、二人に一人が「心身の健康に悪影響がある状態」、また「生命にかかわる危険な状態」が一〇人に一人いた。虐待者で最も多いのは息子で三二％、ついで、息子の妻が二一％、高齢者本人の配偶者が二〇％（夫一二％、妻八％）、娘が一六％であった。虐待の原因は、「介護疲れ」と「高齢者の痴呆による言動の混乱」がともに三七％、「家族・親族の無関心」が二五％などである。そこには介護者の負担の重さ、それに高齢者の孤立感を心理的に理解できない背景があるとみられる（朝日新聞平成一六・四・二〇）。

こうしてみると、市民社会の基盤もなく、封建モラルから革命的に解放された日本の家族社会では、まさに家族崩壊も思わせる事例が多発している。他の先進国に例をみない急速な少子化も、近代家族のモラルが乏しい日本特有の問題といえなくもない。しかも、高齢者の増加が一層家族崩壊につながりかねない。「家族とはなにか」、なお切実な問題として社会に提起されよう。私は、近代家族のモラル——家族員一人一人の尊厳と自己責任の自覚——の社会定着をまず声を大にしてここに提言したい。

2　家族の復権論台頭

近年の家族の破綻現象を重くみてか、近年「家族保護」の視点を体系化する「家族復権論」が社会に唱えられ台頭する時代となった。現代的に注目される学説で、私にとっても無視できない。

(1)　憲法になぜ「家族保護」の規定が設けられなかったのか

この立場の八木秀次、林道義教授は、戦後の憲法・民法改正当時の改正委員（我妻・中川（善）委員）を強く批判する。

(イ)　まずGHQ（連合国総司令部）の草案には、最初「家族は社会の基礎」という言葉があった。その二三条において「家族は人類社会の基礎にして、その伝統は善かれ悪しかれ国民に浸透する」と書かれていた。しかし、憲法・民法にはなぜかこの趣旨の規定がない。なぜか。その削除は「我妻・中川（善）両委員の意図的指導力によるものであった」とまず批判する。(2)

(ロ)　日本国憲法（一九四六年一一月）には、国家が家族を尊重・保護する趣旨の規定はない。ところが同時期に制定された国連の「世界人権宣言」（一九四八年一二月）は、「家庭は、社会の自然かつ基本的な集団単位であって、社会および国家の保護を受ける権利を有する」（一六条二項）と規定する。また、八木秀次氏は「日本と同じ敗戦国のドイツやイタリアでも、それぞれドイツ連邦共和国基本法（一九四九年五月）では「婚姻及び家族は国家秩序の特別の保護を受ける（六条一項）、イタリア共和国憲法（一九四七年一二月）にも「共和国は、経済的措置およびその他の方法により、家庭の形式およびその任務の遂行を、多数家庭に特別な考慮を払いつつ、助ける（三一条前段）と規定する」[1]と注目される。[3]

(ハ) しかし、なぜか日本国憲法には家族についての保護の規定が設けられていない。これは八木秀次氏によると、「日本国憲法に家族保護の規定が存在しなかった理由は、日本側の『家』制度廃止論者によるもので、彼ら（同氏によると我妻栄・中川善之助の二人の民法起草委員）は、家制度を否定し、『家』から個人の解放を説くのみで、家族における家族員の統合を説くことはなかった」と説く。[4]

連合国の占領下にあっても、日本は法の制定は日本独自のものとしての制定が認められていた。当時司法省民事局長であった奥野健一氏は、当時の回顧談話として、「私はその責任者であった関係上、司令部とのいろいろな交渉はいたしましたが、正面きって家制度を廃止しろということはなかった」と述べているように、[5]「家」制度の廃止は全く日本独自の立法によるものであった。そして、その立法を推し進めたのが我妻栄・中川善之助の二人の当時の指導的民法委員であった。

そして、注目すべきことは八木氏によれば、この二人の委員には、つぎの「家」制度解体の思想ないし視点があったと分析する。[6]

① 第一に、家制度廃止の主張は、家制度の実態の実際的要請であったというより、彼ら

の主張の依拠した理論、イデオロギーによる要請であったと考えるほうが真実に近い。そして、同じ説明の中で言うに、「我妻・中川の『家』制度の廃止の主張は、彼らが影響を受けていたマルクス主義の理論によったかは証明できない。……しかし、家制度の廃止はかねてからの念願であったことは間違いない(6)」とコメントする（私見は後述）。

② さらに「民法学者として唖然とすることは、『家』制度は婿養子や夫婦養子の許容にみられるように、血縁や儒教的な父系出自にこだわったものではなく、個人の能力を重視する原理を持っていた。また、女性の地位にしても、その当時の諸外国を比べて総体的に高かったことが知られている」と述べている(7)。

しかし、前者の養子問題は「家」の後継者のための血縁を擬制する性格を持ち、家長の権限が縁組成立で決定的であった。また、後者の女性の地位が他国に比べて総体的に高いという判断はなにを根拠としているのか。旧日本民法では女性は無能な者とされ、また婚姻も家長の縁組であり、離婚も女性からの離婚請求は夫が姦淫罪を犯した時のみと制限され、また夫が他女との関係で産んだ子を妻の同意なしに夫の戸籍に入籍させえた（男の場合が多い）など、要するに、女性は家長・夫の従者でしかなかった。どうして他国と比し高いといえるのか、そこも私には理解できない。

③ 我妻・中川両委員の「家」制度解体の強い信念は、いわば旧制度の「家」的観念に近

い家族統合論——解放の上にさらに家族統合を考える——を唱えられた刑法学者の牧野賢一委員との間の激しい論争においても実証される。そして結局両者が妥協して制定されたのが現行七三〇条の「同居の親族の扶け合い義務」の規定である。しかし学説的には「親族の扶助義務」の観念それ自体が曖昧であり、モラルの問題で十分で、あえて立法は無用である、と七三〇条無用の立場が通説とされてきた。

なお、ここで、なぜ我妻・中川両委員が妥協されたか。我妻委員は、「『立法は妥協だ』という言葉は、つねに真理である」と述べ、また中川委員は、「立法は高き理想を謳う詩ではなく、理想に照らし現実を整序する妥協である」、と述べた。[8] しかし、私は「妥協して規定された以上、単純に無用と解してよいか。私はかねて七三〇条の法的意義を肯定的にとらえるべきではないか。比較法的にはスイス民法の「親子は、互いに、その協同生活の福祉に必要な援助と配慮の義務を負う」の規定（スイス民法二七一条）が注目されてよいのではないか」と提言した。[9] もっとも、私見は、八木・林教授の主張する家族共同体とは異質である。私は、我妻・中川両委員の「家」解放の民法改正を高く評価する。ちなみに、八木氏は「すでに家制度の廃止を前提にした草案を作成していた彼らは、刑法学者の牧野賢一が提案した封建制以前のわが国の家族倫理の重要性を盛り込んだ修正案に強硬に反対した」と述べる。[10] ここで封建制以前の家族倫理とはなにか、とくに説明されてはいない。

④　我妻・中川両委員が「家」制度を解体し、両性平等の理念を確立し、夫婦主体の家族を軸とした民法改正は、日本の法学界では当然支援され、それは決して二人の意図的なものではない。すなわち、その改正の法的萌芽は、すでに大正一四年親族法改正要綱、昭和二年の相続法改正要綱にあった（当時、まさに大正デモクラシーによる家制度の弱体化を懸念した政府は法制審議会を設置し、民法改正を「家」制度の強化に通ずる目的で改正案を審議させた。ところがその審議の結実の改正案は政府の意図に反し、結局は民法改正には至らなかった）。もっとも、その法案の内容は、当時として「家」のワク内という法的に実現しうる限界はあったが、女性の地位を高め家族の近代化を進めようというもので、当時としたら画期的である。

そのリーダーは、我妻・中川両委員の恩師ともいうべき穂積重遠先生であった。とくに、注目される改正案は、①妻の無能力を廃止し、夫管理制の夫婦財産制を別産制に改正することと（現行法が実現した）、②夫の認知した庶子の入家に配偶者の同意を要するものとしたこと（旧法では前述のように妻には無断で夫の戸籍に入籍させた。しかも、入籍した子と妻との間に「嫡母庶子」という法律上の母子関係をつくり、妻にその子の扶養義務を負わせた。「後継者」らしい養育が必要とされた。すなわち一夫多妻の婚姻を旧法は認めていたといえる）。③また「戸主の居所指定に従わない未亡人の「嫁」に対する戸主の一方的離籍権を廃止するとした（家産を守るという名目で、夫死亡後の未亡人の「嫁」に対する戸主の伝家の宝刀ともいうべき戸主の権利であった[11]。

このような当時の近代化の改正案が、戦後の民法改正において開花した。すなわち、戦後の我妻・中川両委員の民法改正は、学説的にも自然の理である。我妻・中川両委員の独断的な改革ではない。

(2) 民法改正後の法改正論

民法改正後、半世紀を超える。この間相続法では両性平等から妻の法定相続分の改正などがなされたが、親族法では改正されていない。平成七年の改正案（夫婦別氏制の導入。裁判上の離婚原因について、五年以上の別居を離婚原因とする。協議離婚後の親子の面接権を認める。離婚制限の苛酷条項を認める（離婚による家庭的弱者、たとえば妻・子の保護を目的とする、また、相続法では嫡出子・非嫡出子の相続分の平等））が法務省で公表されながら、その後なお国会ではとりあげられていない。とくに、夫婦別氏制の導入に対し自民党議員に反対論が根強いためといわれる[12]。とくに親族法の改正の難しさを痛感させられる。

もちろん、私はこの改正案には賛成である。学説が積み重ねてきた改正案であり、現代的にも妥当といえる。しかし、さらに私はつぎの改正案が必要と考える。それは、もちろん親権である。親子法の最も根幹のテーマである。しかし、いまだに親権の改正論もとくに聞かれない。①まず、「親権」の本質を親の義務と解すことである。②民法の定める親権の内容は、居住指定権、懲戒権など、旧法の家長権の残映でしかない規定で、いまも改正の声が全く聞かれない。これに対し、国連が一九八九年に採択した――日本政府も批准した――子どもの権利条約五条では、「親その他の者が子どもの能力の発達と一致する方法で、指示・指導を行う責任・権利・義務」を解す。子どもの人権を考えつつ、子の成長に応じて親が指導する義務と解す。この立場こそ親権の本質をといたものといえよう。なお、子どもの権利条約は子どもを権利主体として位置づけ、その他には親を知り養育される権利（七条）、子どもの意見表明権（一二条）なども規定する。これらの規定も、民法上規定される必要があると考える。ともかく、親の虐待事件の増加など、まず親権の見直し改正が急務と考えさせられる。

こうして民法改正後、半世紀を超えた。市民社会の基盤のない日本社会・家族に革命的に市民法理が持ちこまれた。しかも、その間立法者は放任が続いている。「家族共同体」を導入すれば、一挙に家制度に戻りかねない体質を私はいぜん指摘せざるをえない。その前に、子の平等、親権、扶養など、とくに子どもの地位にかかわる改正こそ急務である。同時に、戦後育った親には「市民社会形成」の意味の理解も日常的に重要と考えられる。それぞれの家族の人権尊重の市民社会の「家族」とはどう形成されるべきか。「家族共同体」論は、市民法ではなお「異質である」、もしくは「家制度を思わせる時代に逆行する」という印象を免れない。しかしこの種の論議の台頭には、いまの「日本の市民社会の危機」を思わずにはいられない。

元GHQ民政局職員のB・S・ゴードンさんは、起筆者の一人として、「……一九四六年二月、二二歳だった私は、民政局長ホイットニー准将の命令で日本国憲法の草案を書くという想像もしなかった仕事に携わることとなった。現在の憲法一四条一項（法の下の平等）と二四条（家族生活における個人の尊厳と両性の平等）は、私が様々な国の憲法をリサーチして書いた草案が元になっている。これは、戦前私は日本の女性が何の権利も持ってないことを見て知っており、憲法では絶対に女性の権利を謳わなければならないと思って書いたので、特別に思い入れがあった。……現在、家族や共同体を重視する点から憲法二四条を見直そうという動きがあり、私は強い危機感を持っている。私はまた「妊婦と幼児を持つ母は国から保護される。必要な場合は、既婚・未婚を問わず、国から援助が得られる」という草案も出した。もしこれが成文化されていれば、少子化は今のような大問題にはなっていなかったのではないかと思う」と述べられた（「運命の八月一五日」（文藝春秋平成一七年九月一日号）二八六―二八七頁。取材・構成――朽木のり子）。私もこの母の保護の法案には先見の明があったと思う。

以上、本書では家族法の基本原理にかかわる問題をコメントした。いま、現代の家族はかつてない深刻さに直面している。少子（高齢）化、親の子の虐待の社会現象化、いずれも家族の絆として異常である。家族共同体論など「個」を否定する論議が生まれる現状である。

市民法の家族法の基本的テーマの克服こそ市民社会での最重要事というべく、立法者の放任は市民社会を葬りかねないことを強く一言して結びとしたい。

(1) 我妻栄編『戦後における民法改正の経過』一四頁。
(2) 八木秀次『反「人権」宣言』一二四頁。
(3) 八木秀次・前掲書一二一―一二二頁。
(4) 八木秀次・前掲書一二三頁。
(5) 我妻栄編・前掲書一三頁。
(6) 八木秀次・前掲書一二六頁。
(7) 八木秀次・前掲書一二六頁。
(8) 拙稿「民法七三〇条の法的意義」国家総法学一〇巻五〇頁。
(9) 拙稿・前掲論文七三頁。
(10) 八木秀次・前掲書一二七頁。
(11) 拙稿『現代家族法　二五講』一〇頁以下にこの大正一四年、昭和二年の親族の相続改正要綱の要旨を述べている。
(12) 拙稿「民法改正の現代的問題――平成七年の法務省公表の民法改正案について――」小野幸二還暦記念論集『二一世紀の民法』八一二頁以下。

後記（1）

本書第四章のドイツのベビークラッペンと同様の通称「赤ちゃんポスト」が熊本市の病院でつくる計画が社会的に知れわたり波紋を投じている。熊本市長が口頭で決めたようだが、国の態度ははっきりしない。新聞報道によると、「設置に賛同する意見が多く寄せられる一方で、「安易な育児放棄につながる」という反対論も根強いということである（日経平成一八年・一二・一八）。

熊本市の慈恵病院（蓮田太二理事長）が設置をめざす、病院は一二月一五日に市に設置申請。許可する立場の行政は、法で想定されない施設に困惑していると報道された。しかし平成一九年二月許可したと伝えられる。カトリック系の同病院は、二〇〇二年から、不本意な妊娠に悩む女性の相談を匿名で受け付けてきた。同紙によると、預けに来る人は追いつめられ、究極の選択を迫られた人、名乗れないケースに配慮したということである（田尻間貴子看護部長）。実際に赤ちゃんが置かれた場合は病院が市、警察、児童相談所に連絡。市長が命名して戸籍を編製して乳児院などに入所する。しかし、病院としてはこの子を養子縁組につなげたい意向という。ベットには、母親らに向け「赤ちゃんを引き取りたいときはいつでも連絡を」との手紙を置く。親が名乗り出た場合は、岡山県の支援組織と連携し、手続きをあっせんする方針という。

同病院は平成一八年一一月に設置の方針を発表、同月末までに病院には計六五通のメールが届いた。その六割が、「赤ちゃんが生きる喜びを与えてほしい」と賛成の意見という。

本書第四章に述べた、ドイツに一九九九年できたのが最初で、二〇〇五年末までにドイツ全土で七八カ所に広がり、オーストリア、ルーマニア、スイスなどでも同様の施設が生まれている。しかしドイツでも法的位置づけはあいまいなままで、連邦議会での審議は保留中といわれる（右同朝日新聞）。

確かに捨てるのを助長する、という反対論も理解される。しかし、「生命」の価値を思えば、私は熊本の病院の匿名の親からの赤ちゃん受け入れ設置に賛成するといわざるをえない。現代の親の虐待問題を思うと、反対論も理解される。しかし、やはり「生命尊重」こそ最も社会的にも重要テーマと考えられる。

後記（2）

この項目は私事で恐縮であるが、本書の校正中、私の妻百合子が「血液ガン」という難病に生命を奪われてしまった。本年三月金婚式を前にしてのことで、長年苦労をかけた亡き妻に本書を捧げたい。そして、通夜、葬儀には、私の現役中のゼミ生（火曜会という組織で先輩・後輩が結ばれる）が、すでに定年の六〇代の年齢の者、そして遠く九州・北海道と三〇〇名以上が参列してくれた。ゼミ生は、「先生の子ども」だといい、師弟を超えた結びつきとなっている。現代の教育論ではあまり聞かれない話題なので、あえて読者の皆さんに紹介し、本書の結びとしたい。

プロフィール

佐藤　隆夫（さとう　たかお）

昭和25年　東北大学法学部卒業、同大学院特別研究生、国学院大学法学部教授を経て、現在、同大学法学部名誉教授・東京第二弁護会所属弁護士

主な著書　『人の一生と法律』（勁草書房）、『現代家族法Ⅰ（親族法）』、『同Ⅱ（相続法）』、『プロ野球協約論』（一粒社）、『離婚と子どもの人権』（日本評論社）、『親権の判例総合解説』（信山社）など。

現代の子ども
―波乱の法的諸問題―

2007年5月20日　第1版第1刷発行

著者　佐藤隆夫

発行　不磨書房
〒113-0033 東京都文京区本郷6-2-9-302
TEL 03-3813-7199／FAX 03-3813-7104

発売　㈱信山社
〒113-0033 東京都文京区本郷6-2-9-102
TEL 03-3818-1019／FAX 03-3818-0344

© SATO Takao Printed in Japan, 2007
印刷・製本／松澤印刷

ISBN978-4-7972-9125-4　C3032

横田洋三 著（中央大学教授・国連大学学長特別顧問）

日本の人権／世界の人権

◆21世紀の人権を考える◆日本の人権と世界の人権［*瀋陽日本領事館亡命事件／拉致*］
◆人権分野の国連の活動と日本［*アパルトヘイト／ミャンマー／従軍慰安婦／難民／差別*］
◆生活の中の人権［家庭／学校／大学／役所／職場／企業／病院］◆人権教育は家庭から
◆国際人権大学院大学設立への期待　9299-7　四六判　■本体 1,600円

gender law books

ジェンダーと法

辻村みよ子 著（東北大学教授）　■本体 3,400円（税別）

導入対話による
ジェンダー法学【第2版】

監修：浅倉むつ子（早稲田大学教授）／阿部浩己／林瑞枝／相澤美智子
山崎久民／戒能民江／武田万里子／宮園久栄／堀口悦子　■本体 2,400円（税別）

比較判例ジェンダー法

浅倉むつ子・角田由紀子 編著
相澤美智子／小竹聡／今井雅子／松本克巳／齋藤笑美子／谷田川知恵／
岡田久美子／中里見博／申ヘボン／糠塚康江／大西祥世　［近刊］

パリテの論理

男女共同参画へのフランスの挑戦
糠塚康江 著（関東学院大学教授）
待望の1作　■本体 3,200円（税別）

法と心理の協働

二宮周平・村本邦子 編著
松本克美／段林和江／立石直子／桑田道子／杉山暁子／松村歌子　■本体 2,600円（税別）

オリヴィエ・ブラン 著・辻村みよ子 監訳

オランプ・ドゥ・グージュ

―フランス革命と女性の権利宣言―

フランス革命期を
毅然と生き
ギロチンの露と消えた
女流作家の生涯

【共訳／解説】辻村みよ子／太原孝英／高瀬智子　（協力：木村玉絵）
「女性の権利宣言」を書き、黒人奴隷制を批判したヒューマニスト　■本体 3,500円（税別）

発行：不磨書房／発売：信 山 社